澳门口述历史丛书

文化公所
Hall de Cultura

海岛民风

澳门路环老街坊口述历史

林发钦——主编

广西师范大学出版社
GUANGXI NORMAL UNIVERSITY PRESS
·桂林·

海岛民风
HAIDAO MINFENG

著作权合同登记号桂图登字：20-2016-215 号

图书在版编目（CIP）数据

海岛民风：澳门路环老街坊口述历史 / 林发钦主编．—桂林：广西师范大学出版社，2019.5
（澳门口述历史丛书）
ISBN 978-7-5598-1760-0

Ⅰ．①海… Ⅱ．①林… Ⅲ．①澳门—地方史—史料 Ⅳ．①K296.59

中国版本图书馆 CIP 数据核字（2019）第 077630 号

广西师范大学出版社出版发行
（广西桂林市五里店路 9 号　邮政编码：541004
网址：http://www.bbtpress.com）
出版人：张艺兵
全国新华书店经销
广西广大印务有限责任公司印刷
（桂林市临桂区秧塘工业园西城大道北侧广西师范大学出版社集团有限公司创意产业园内　邮政编码：541199）
开本：787 mm ×1 092 mm　1/16
印张：16.5　　字数：215 千字
2019 年 5 月第 1 版　　2019 年 5 月第 1 次印刷
印数：0 001~5 000 册　　定价：55.00 元

前言

现代口述历史源于美国，后为保存“公众记忆”的历史记录方式。那么，怎么理解口述历史呢？中华上下五千年，无论是远古先民传说，还是春秋战国智者先贤口头传授并编撰成书的《论语》之类，抑或近现代各种形式的社会调查、媒体访谈，乃至老一辈人给子孙讲述的家庭渊源或个人往事，等等，都可以理解为口述历史。

近些年随着越来越多人的关注，口述历史已不仅仅局限于“记录”，而是越来越注重对访谈员的专业培训，以及研究领域的专业规范。正如英国学者保罗·汤普森（Paul Thompson）所谓“用人民自己的语言把历史交还给人民”，说的就是口述历史在史料征集及现代史学研究上的专业性、规范性及平民性的特点。

在澳门历史研究中，口述历史日渐受到重视。2008年，为加强澳门学术研究，打造特色研究平台，澳门口述历史协会应运而生。协会的宗旨是团结专家学者和青年学生，利用科学方法，推进口述历史资料的采集、编辑和研究工作，并通过对民间私家著述和公私文书资料的收集、整理，促进澳门历史研究的发展，提升澳门的文化形象。澳门口述历史协会成立至今，深入不同的小区开展了多项口述历史访谈，从新桥、下环、福隆、十月初五街到氹仔、路环，访谈不同阶层的澳门老居民数百人，以“社区变迁”和“行业兴衰”两个视角，透过受访者“亲历、亲见、亲闻”的口述回忆，从不同方面反映澳门社会近百年的历史发展，并保存了大量视频、音频、图片和文字，为保存社区历史，弘扬社区文化做出了一定贡献。

协会近年来计划将以往访谈成果汇总成《澳门口述历史丛书》（以下简称《丛书》），并开始分批出版。从内容上来讲，本《丛书》涉及人、家族、风俗等专题，不仅补充了澳门现代史文字资料之不足，亦丰富了澳门历史。就早前对澳门历史研究情况的考察，澳门现代史最重要的史料实为口述史料，而非文字。现今在世的已过古稀之年的老澳门人，经历了抗战、新中国成立、澳门回归等重大历史事件，他们的集体回忆构成了一幕幕最真实、生动的澳门现代历史图像。

另一方面，《丛书》于内地出版，在提升澳门文化传播辐射力的同时，亦能深化两地的文化交流。纵观澳门出版物现状，内容呈现多元化，图书市场空间虽有明显发展，但目前依然是港澳台三地图书占主导地位。究其原因，不外乎以下几点：简繁字体差异；澳门出版印刷成本高，以至于与内地图书售价差异甚大；传播方式仅仅借助书展，渠道狭窄。以上种种，使得具有澳门本土特色的书籍一直很难大量在内地传播。而此次《丛书》由内地出版社出版发行，是澳门口述历史出版物在出版地域、传播途径上的一项大突破。

自访谈计划启动以来，协会访谈团队走进澳门的街头巷尾，寻觅那些濒临消失的人和事，经一位位古稀之年的澳门人的口述，以及我们的专业团队后期的整理、筛选、撰稿及史料研究、校对等工作，协会已经开始了编撰书稿进而出版的工作。

相信这些涉及澳门经济、历史、文化及社会生活等方方面面的鲜活的口述历史材料，以及文中所配珍贵的老照片，能很好地展现沧桑而又富有生命力的澳门风貌。

这本《海岛民风——澳门路环老街坊口述历史》，是我们澳门口述历史协会团队对澳门路环岛的一些老居民访谈的整理稿。

当访谈者进行完访谈之后，我们先将访谈录音进行逐字逐句转录，形成规范的转录稿，然后以第一人称再次修改成稿，理顺文字，增加大小标题，形成了预备交付出版的初稿。

我们团队还因应受访者提及的生活经历以及相关事情，尽可能地补充了一些相关图片资料。

附录“路环口述历史资料”是团队对项目进行时的一些基本记录，例如受访者姓名、年龄、基本情况、访谈地点等，希望能够对此项目的整体面貌有一个清晰把握。

几年时间过去了。当年接受我们访谈的不少人，已经年长了许多岁，更有人已经离开了我们。而当年我们协会这支年轻的访谈员团队，有在读大学生、高中生，如今均已经走向社会，在不同的专业领域都有了很好的岗位，有文博机构的公务员，有教师，有社会工作者，有大学博士生。他们当年在口述历史协会所进行的口述访谈项目，对于他们更多地接触社会，锻炼提高他们的工作能力，有着莫大的帮助。

谨将本套丛书献给可爱的澳门，以及生活在澳门这片土地上的人们。

目 录

五十年风雨话路环

苏七根 口述
钟雪敏 整理

苏七根有多份兼职，但以卖猪肉为主要的职业，这是他的第一份职业，亦是最后一份。

初识路环

我叫苏七根，1946年出生，今年62岁了。1958年，我13岁那年，在家人的帮助下，来到澳门谋生，踏足路环这片土地，就开始了我人生漫长的五十年。

我最初选择路环，并不是随意的决定，真正吸引我的，是一个宝贵的工作机会，同时也开始了一段姻缘。其实很像一些电视剧情节，我岳父就是我的雇主，在工作中，我跟我太太日久生情，终成眷属。

昔日的路环：各业兴盛

昔日的路环，曾经有过一番热闹光景。很多渔船经常停泊在路环码头，渔民不会只停留在附近的水域捕鱼，而是到处穿梭，每日两百多艘渔船，川流不息地来回往返路环、澳门及香港等地，渔获十分丰盛。渔民更会向附近的街坊分发渔获，俗称“打鱼更”，即当渔船泊岸时，你不用问，他们都会给你鱼，大家一起分享大海的馈赠。我小时候就是这样的，以往在路环生活，是不需要太多金钱的。

那时市面上有六间理发店，两间酒楼，四五间咖啡室，酒楼不分茶市、晚市，而是24小时营业。我们那时虽然工作环境恶劣，生活水平低下，但可以看到很多生机。渔业、造船业两大行业，足以支撑很多人的生计，养活不少路环的人口。虽然工人的工作时间过长，甚至没有休息的时间，但不愁两餐温饱。

路环渔民出海作业（约1955年），摘自李玉田《李玉田摄影集·濠镜写真六十载》（澳门综艺摄影会，1998年），第109页

路环旧造船厂

可惜，后来路环渐渐衰落，整个区域都面目全非，失去了昔日的光彩。我目睹不少路环的老街坊迁到外面的世界，面对这一切的变化，我们也感到无可奈何。

光辉岁月不复来

自20世纪60年代末期以来，渔船渐渐去到香港上岸，路环的渔业衰落了。路环的海面，开始难见到渔船，荔枝碗的船厂只能造香港作业的船。当时路环造的船比香港造的便宜，后期香港改为到内地订购。

我不太清楚路环渔业衰落的原因，只知道渔业是先衰落，不久造船业就跟着衰落。

我认识一个出海捕虾作业的朋友，他拥有两艘虾艇，但现在都考虑退出渔业，因为近年的收获大大减少，且油价不断上升，令他感到十分吃力，不愿再依靠这个行业来维持生计。

今时今日的路环，售卖渔业副产品的店铺亦只剩下两三间，如卖黄花、马友等咸鱼的唐记、英记。现在他们所卖的咸鱼也是由外购入，并不是自家制作的。据我估计，路环已经二十几年没有生产咸鱼了。我还是小孩子的时候所吃过的咸鱼的味道，现在还隐约留在脑海，可惜只能回味了。

近年，路环的本地人口不断削减，到目前为止，与氹仔和澳门半岛比较，路环的人口是最少的，而且没有增加的迹象。为什么会这样？应该是澳葡政府在规划城市的时候出现了很大漏洞。

探究路环衰落的原因

澳葡政府时期，政府并没有替居民做房屋登记，结果令所谓“纱纸契”这些不合法的业权问题相继涌现，后患无穷。现在位于路环的房屋，差不多九成都是不合法的，因此引发一连串的问题。事实上，在处理土地发展方面，如果没有能力通过有效的方式去解决问题，路环日后的发展就会面临很大的障碍。路环现在有很多旧有的建筑物正面临倒塌的危险，但往往因为业权的问题，令投资者却步，或放弃重建的机会，从而导致空置率不断上升。

现在澳门特区政府并不承认“纱纸契”，没有合法契约的居民，不能申请在住宅楼下的店铺经营生意，这样以后，路环的店铺只有面临倒闭的命运。只有新落成的建筑物拥有合法的契约，如辉记、安德鲁等食品店可向政府申请开业，但路环新落成的建筑物只有少部分，其余大部分是旧楼。

从另一方面来讲，就业机会的减少，也是路环衰落的原因之一。例如我的三个儿女都先后迁离路环，年轻人向外寻找更好的发展：有些选择到欧洲发展，有些选择到澳门半岛居住。可见年轻的一代大多不愿留下来居住，因为路环几乎没有什么就业的机会，到外面，他们有较多的选择。

当然了，嘉乐庇大桥1974年开通之后，来路环游玩的人的确比以前多了，但他们逗留的时间明显缩短，到路环旅行的学生不需要借宿，在这里消费的人亦随之减少。旅游的流动人口，并不能显著地带动本地经济，关键还是吸收更多的人落户路环，增加路环的旅游设施，留住人口，才是根本。

其实路环有三大好处，就是治安、空气、人情味。路环环境优美，空气很清新，还有这里依旧保持着夜不闭户的好民风。这么好的居住环境，让我真是舍不得离开啊！

流传的民间故事

早年在路环没有自来水供应的时候，路环居民只能依靠附近的两口井，名为“豆腐井”和“大庙井”，所有村民都会在这两口井打水。我经常用担杆一口气担起四桶水，常常是担杆被担断好几条。

约1936年的竹湾海滩，摘自《氹仔路环》（海岛市政厅，1998年），第127页

传说在“豆腐井”旁有间豆腐店，豆腐井因此得名。记得有一年旱季，香港四日才能供水一次，而路环那两个井依然24小时供水，没有缺水情况。

后来，澳葡政府封了这两口井，可是路环居民要求重开“豆腐井”，即使井内食水（饮用水）不能饮用，我们也可以见井而缅怀过去。

我听老人家讲过，在路环黑沙、竹湾一带有一块“宰人石”，旧时，海盗得不到赎金，就会把人质拉到上面杀掉。葡国人在澳门有四百多年，可是路环一直都被海盗所管，直到一百多年前葡国人才赶走海盗，管治了路环。

路环的特色之处

我们路环有一个特点，就是社团的数量特别多。整个路环人口只有约五百人，合法的社团组织已然有十几个，原因是路环的人喜欢团结。社团的功能包括调停居民与政府发生的冲突，向政府部门反映居民意见，举办一些大型的节目等等。

每年农历四月初八是谭公诞，路环的街道就热闹起来，在街上有飘色巡游，令人目不暇接，有戏剧人物、高跷等几十个造型，吸引不少游客观赏。晚上六时，街上摆大型的盆菜宴，以往在路环居住的街坊由四方八面赶来，大摆筵席，纪念谭公诞辰，同时这一天也是浴佛节。整个澳门有很多社团来支持，总数有两三千人。

旧时谭公庙

我对未来重建路环是这样认为的，路环的人口太少，即使发展其他设施，亦不会兴旺，所以最急切的是重修旧屋旧庙，吸引更多居民来住，而这就需要有解决业权的智慧与办法。

2017年5月4日《澳门日报》报道：

路环会景巡游热闹非凡

农历四月初八为佛诞也是谭公诞，由路环信义福利会主办、民署协办的“光辉路环四月八”系列活动昨日举行，继上午举办重头戏之一的“会景巡游添欢乐”，组织过百名会员以及街坊穿着奇装异服，巡游至路环市区的大街小巷后，下午续办“缤纷啤Beer嘉年华”以及“信义盆菜聚乡情”等丰富节目，吸引大批居民和旅客特意到场观赏，场面热闹盛大。

谭公庙

譚僊
石角鍾靈符筆頴
廟宇隆千古

路环疍家

杨阿姨 口述

李璟琳 整理

路环靠近十字门，优越的海洋地理位置在过去吸引了不少疍家渔民到路环旧码头附近停泊休息，上岸摊卖渔获，或在岸上担些食水到船上，或买些生活必需品。需要的话，他们更会光顾荔枝碗的船厂，维修他们的渔船。

时光飞逝，杨阿姨口中过去那热闹的情景已在路环消失，只留下寂寞的浅滩和荒凉的船厂。

路环荔枝碗（约1958年），摘自李玉田《李玉田摄影集·濠镜写真六十载》（澳门综艺摄影会，1998年），第81页

疍家生活

大家都叫我杨阿姨。我年少时与家人过着疍家生活，我在二十多岁时离开渔船，移居陆上。后来我到路环工作，因身体不适，无法长期站立，只好放弃了那份工作。现在我唯有在荔枝碗的沿海拾柴，主要是提供给露营人士晚上砌火堆，从而维持生活。

我已经离开船上的生活三十多年了。

我自小在渔船上长大，烧饭也是在渔船里，用木来取火，在船上使用的水也是来自路环的水井，每次需要几毫（毫，当时葡萄牙货币的最小单位）。虽说是在船上生活，但是疍家渔民的日常生活肯定会与岸上发生联系，因而我也知道一些岸上的人与事。

路环海旁是渔民聚居之地（约1955年），摘自李玉田《李玉田摄影集·濠镜写真六十载》（澳门综艺摄影会，1998年），第80页

驳艇往来

路环旧码头沿岸海水较浅，一些较大的渔船不能靠泊岸边，唯有依赖驳艇，折返渔船与陆地之间。驳艇外形像龙舟，但其长度是龙舟的一半，每次搭乘费用1元。不过，渔民除非有紧要事，否则也不会上岸，因为费用（在当时对渔民来说）较为昂贵。

不需依赖驳艇的疍家，也不是每次船泊岸都会上岸，因为不是每个海域在任何时候都有渔产。大人们会商讨下次出海的目的地，而小孩们需要留在船上帮忙织网。我们泊岸只是为下一次的出海做好准备。

疍家的教育和医疗

疍家的小孩子，大都负责船上的家务，因为疍家没有固定收入，无法令孩子接受长期教育。孩子有病时，也只能上岸买些成药服用。但过去疍家妇女生产时，为确保大人和小孩健康，她们都会被送到岸上的诊所，而大多在路环泊岸的疍家都会送临分娩的妇女到路环辉记附近的诊所分娩，我也是在那儿出生的。

我从小就跟随父母出海打鱼，出海时间最长的一次有五个小时。我爸爸有一次出海，回航时遇到台风，差点出意外，十分惊险！

路环辉记茶餐厅

路环渔童，摘自李玉田《李玉田摄影集·濠镜写真六十载》（澳门综艺摄影会，1998年），第110页

婚礼习俗

疍家渔民的婚礼都会在船上举行，我们会把多只船并泊在一起，船只插满彩旗作为装饰，亲戚朋友们便会帮忙设宴。

结婚当日，男家的船会驶到女家的船附近接新娘，新娘穿着裙褂。我们当时需按照习俗规定，拜祭祖先和船头，并且燃起爆竹，以示吉祥。婚礼整天，主人家都会热情招待，务必令亲戚朋友尽兴而归。

一点期盼

疍家渔民渐渐于路环失去了踪影，并不是我们改换了停泊的地方，而是出海的成本上升，无法负担，我们纷纷搬到岸上居住并转行。

我从过去到现在，都是围着路环生活，眼见疍家渔民从水上到陆上的搬迁，以及路环旧区的变化。我现在只是希望澳门政府对路环旧区的优化计划，能顾及一下像我们这样生活艰难的人。

如今路环码头附近的居民生活

“路环通”

岑玉霞 口述

曾晓瑜 整理

澳门有个小岛叫路环，很多人都爱到这里，因为喜欢那纯朴的小渔村风味。至今在路环市区中，矮小的楼房仍随处可见，邻里的关系亦非常友好，人情味浓厚。岑玉霞女士多年来都积极关注这个地区的保护和发展，可谓“路环通”。

求学心切

我叫岑玉霞，出生于20世纪50年代的顺德（今广东省佛山市顺德区）。我父母都是路环土生土长的居民，直至20世纪70年代才去澳门半岛。

我的童年是在顺德度过的，闲时，我很喜欢到河涧游泳，跟兄弟姊妹玩跳飞机、踢毽子等。我一直在内地接受教育，成绩一直都非常理想，尤其是物理科，于是我渴望念理工学校，但最后却落选了。不过，我一直都没有放弃念大学的心愿，回澳后，我得以到暨南大学一偿所愿。

20世纪90年代，澳门回归祖国，我成为澳门回归筹委会成员之一。有感于法律知识匮乏，我的求学欲望再次燃起，于是到澳门科技大学修读法律硕士课程，并得到萧蔚云先生教授我澳门《基本法》，获益良多。

为街区服务

我高中毕业后，当了两年小学教师。返澳后，我仍然希望执起教鞭，培养下一代，但可惜当时的路环居民学校收生率不足，最后逃不过停办的结局。

以前的路环居民学校，大概位于今天后古庙附近，该校是由路环居民和工会协助筹建的。那时澳门街坊总会仍未成立，工会就派人义务铲地、

路环居民联谊会

路环各业工会

平整土地。

学校建成后，只有路环的居民子弟就读；但在学校停办之前，基于马路的开通，九澳港的孩童都会过来念书。

机缘巧合，路环造船工会、各业工会和坊会，需要一个联会的秘书，于是我就开始踏上服务街区的路途。

我曾任离岛市政议员，深深明白基层市民的难处，我不时走访离岛街区，服务市民，帮居民解决生活中的难题，如住屋、水电问题等。除此之外，我亦担任过特殊学校的教员。

路环坊会在街区服务中担任着很重要的角色，居民主动要求参与坊会事务，令坊会得以壮大，同时亦令居民更加团结，共渡难关。

20世纪80年代，正值移民潮，适逢海岛市政厅扩大架构，借此完善本地市政建设，我就推荐这些居民参与工作，为他们创造就业机会。

回归前，路环曾发生火灾，令一些居民无家可归，我协助坊会的灾后重建工作，并为居民争取“上楼”居住的权利，以改善居住条件。

由于路环有些渔民和原居民的公民意识相对较低，他们不理解身份证的作用，所以一些年纪老迈或行动不便的长者，或是已长期居于香港的人士，都没有续办澳门居民身份证。但到了90年代，基于新法例的颁布，澳门居民的身份认可之首要条件，就是要有澳门居民身份证。

因此我跟随着坊会，为路环很多居民补办了身份证。记得有这样一件事，有个一家七口的渔民家庭，一家人都没有办理澳门居民身份证，那家的父母由于年纪较大，可以跟随大伙儿一起办理；但其子女生于船上，长期居于船上，没有任何身份证明，甚至连律师都帮不上忙，令他们一家人一时非常沮丧。在他们想放弃时，我把这个情况写信报给当时的澳督，提出有好几个路环居民都可做证人，证明他们长期居住于此。后来，事情得以圆满解决，那几名子女都获发澳门居民身份证，并且可以上岸居住或到澳门工作。

这家人为了表示感谢，拿出3000元给我。我跟律师的性质是不同的，我就是为小区居民服务的，他们的生活都这么困难，我怎能把钱收下？

昔日路环

讲起路环的过去，居民的饮水主要靠井水，而中街的井水是最好的，而且是最多人饮用的。近年来，每家都已安装自来水，政府亦在三个位置安装了街喉（公用水龙头），有关部门于是把井封掉，但是这一决定遭到路环居民的强烈反对。主要是有个时期，曾有6000多人居住在路环市区，这口井养育了不少人，居民们都希望留下井口，使其成为历史的印证。一旦发生火灾时，井水亦能起到救火的作用。

大概在20世纪80年代以前，居民到山上取柴，以作煮食之用。那时山上有很多松树，树上有不少针和叶，每年落叶之时，居民都会上山摘松毛，然后利用一支长棒把它们结起来。松毛很尖长，易于燃点。

路环的造船业曾经非常蓬勃，荔枝碗一带为造船厂的集中地。以往，路环的船厂以建造给渔民捕鱼的大船为主，很少建造往来澳门和路环的小木船。当时，渔业相对发达，不少港人特意来澳建造渔船，船造成后，就驶回香港，而本地的造船生意却不多。

路环造船业（20世纪60年代），摘自《昔日路氹——澳门海岛图片集》（海岛市政厅、澳门历史学会，1994年），第47页

事实上，渔民也没有刻意划分港澳居民，因为他们大多手持港澳身份证，不时在港澳地区逗留。船厂老板聘请数以百计的造船工人，以澳门半岛和氹仔的居民为主，原居民却不多。起初，造船工人都是乘搭船只来路环，随着大桥的开通，就转而乘车辆。装船工作无间断，天天都在进行，船业最鼎盛的时候，荔枝碗一带有十二家造船厂和维修厂。

ESTALEIRO LOU VAN HAP HENG
路環合興船廠
Nº3 電話: 328016

路环旧船厂现貌

由盛转衰

20世纪70年代的路环仍然很兴旺。直至80年代，移民潮给澳门带来大量人口，因而有藤厂、纸花厂的诞生。随后，不少长大成人的年轻人，都外出找工作。而随着内地市场开放，路环当地渔业转淡，人们转到内地投资设厂，因为原材料、工人的薪水都很便宜。当时在路环，装一只船要七八十万，买一间屋需廿几万，但内地就便宜很多，甚至维修船都顺势到内地了，况且由于内地市场很大，渔民都把渔获卖给内地，就这样，路环的发展逐渐减缓。

保护和发展

其实我深深感到，路环居民拥有朴素和节俭的特质，妇女们都很勤劳，她们会自己种菜，并善于煮制传统小吃，热情与邻里分享，大家都相处融洽，这小城区的人情味很是浓郁。

我期望在保留原有的自然环境、纯朴的民风的前提下，适当地发展路环。例如，十月初五马路一带有不少屋子，我建议发展成为渔村式的海鲜餐厅。把楼房修葺成特色小屋，美化各街道，以配合现有的红色砖地，改

十月初五马路

造成一个欧陆式的小城区，打造自身的品牌形象；同时，也可参考台湾的做法，建造一条路环小食街。因为路环面对横琴，有着美丽的风光，重建昔日客商街的风采，能够为路环创建新面貌。

现在我已经不在路环居住，但是不时会回到路环，看望大家，周围的人都会叫我一声“霞姐”。

ESTRADA DO CAIRO

路环的生态保护者

梁冠峰 口述

杨慧妍 整理

百年前，路环还只是一个杂草丛生、渺无人烟的荒凉小岛，百年后，路环一别偏僻的容颜，成为一个弥漫着大海的清新和浓郁人情味的温情小岛。其美丽的蜕变，全赖一群爱护生态环境的专业人士，有赖于他们不畏艰辛的付出。

梁冠峰就是其中之一，对于路环了如指掌的他，给我们讲述了路环的变迁。

绿色童年

我叫梁冠峰，1960年出生于广东中山，我家共七个兄弟姊妹，我排行第三。1972年，我跟随父母来到了路环，那年我十二岁。

那时路环大多是村屋和木屋，村屋相对较少，而木屋主要集中在荔枝碗造船厂一带。最初我们家来到路环，是住在路环荔枝碗造船厂的木屋区，即荔枝碗复原新村。

这个村又名“白粉村”，因为它以前有一间戒毒所，是为那些完成戒毒的人提供的一个独立生活环境。后来因水电供应不足，出入不便，使用率下降，便改为给一些低收入家庭居住的房屋了。

改为木屋区后，区内有十多户人家，每户四至五人，总体来说，全区有六十多人这样。后来因交通、买餸（买菜）以及小孩上学不便，居民在澳门找到工作稳定下来后，便会离开路环，所以人口开始逐渐流失。

2003年，木屋区曾经因为“沙士”（SARS）的关系，改建为“沙士康复中心”，“沙士”疫情结束以后，此地也随之改为社会房屋，提供给一些离岛的居民居住。

我的家庭是很清贫的。我母亲曾在托儿所工作，而我父亲很早就过世了，我对他几乎没什么印象，只是依稀记得父亲为了维持生计，曾做过很多的工作，如医生，在鱼摊内收鱼、卖鱼，鸡农（即饲养家禽）以及地盘工人等等。

我很小就需要帮忙养家，也因此用功读书。但是我小时候很喜欢走进自然，也很顽皮。忙里偷闲时，我会约上好友到竹湾游泳。为了避免母亲责骂，我将身上的衣服脱掉后，才敢跳进水中游泳。我也会自己动手制作一些玩具，喜欢爬山、游泳和捉一些小动物（如蜻蜓、小鸟、鱼等）玩。

我还会把头发剪成陆军的模样。以前，路环有个兵房，那里的风景优美，主要是给驻守路环的葡国士兵居住。当时那里属禁区，不让外人进入，常有葡国士兵在外驻守着。但我喜欢到那里去，他们每次都会用一个很大的竹箩盛着他们吃剩的面包，然后把面包分给我们，那些面包每个都有人头这么大。当时我的年纪还小，暑假时，我每天都会和朋友们一起到那里拿面包，然后便到竹湾游泳。渴了，便喝山上流下来的水，那时的水很清甜，没有污染过，有时我们还会一边喝山里的水一边吃面包呢！

竹湾游泳者，摘自《氹仔路环》（海岛市政厅，1998年），第125页

旧日路环兵影

我从小就在路环求学，后来在这里工作了接近三十年，其间还加入了路环各业工会。我从小就在大自然的环境中长大，热爱大自然，这对于我后来从事自然生态管理和保护应该有着莫大的关系。

苦中求学，永不放弃

昔日的澳门，人们生活艰苦，无法支付学费，很多适龄的儿童没有机会上学。1966年，氹仔也因办学问题而引发了“一二·三”事件，此后成立了氹仔坊众学校。

路环的各业工会有鉴于此，便决定也在路环筹建学校，为路环的工人子弟提供一个学习的地方。当时社会各界都纷纷捐款支持，部分工人在收工后也会义务做担砖掘地的工作。

1968年，路环居民学校建成，像我们这样的贫苦孩子终于能够读书了。

学校十分简朴，主要是砖瓦结构。全校共有六个年级，每个年级各设有一班，每班二十多人，主要科目与一般学校一样，以中、英、数课程为主。

贫家子弟都晓得机会来之不易，读书都非常用功，回家还会帮忙做家务。当时电力供应不足，灯光较暗，所以我们通常都会在天黑前把功课做完。

除此之外，我们学校还设有夜校，让一些较年长的人士也有识字的机会。没有电灯的时候，大家就使用水火灯。任教的老师大多来自劳工子弟学校，部分老师还是义务任教的。如果没有他们每天长途跋涉地来到路环这个乡村地方教导我们，恐怕我们会很迟才能接受教育。

学校开办了十年，由于路环人口减少，学校收生率下降，1978年停办了。那时我刚刚读完小学。

我很希望可以继续读中学，但是我家里兄弟姐妹多，经济条件很差，因此我早上在船厂当学徒，晚上就到路环谭公庙附近的中葡学校，上一些葡语推广教育的课程。完成了该课程后，我转往澳门半岛，继续完成中学以及大学的课程。那段日子很辛苦，每天早上工作，晚上下班后，为了节省金钱来考车证以及购买电单车，我总是只买个面包，便乘巴士到澳门半岛上学，放学回家才吃饭。但后来有了电单车也不代表都是开心的日子，每年的冬天，骑着电单车由路环到理工学院，到了门口，都需要拿纸巾把鼻水抹干才走进课室，真的很冷！有时下雨天，我也要骑着电单车过来上课。

我一共读了约二十年书，由小学开始读，读到大学，我也曾到暨大读一些课程，一直是边工作边读书。其他人读一个本科只需四年的时间，而我则用了六年时间才完成。因为多年来，我每日早上需要工作，晚上以及周末才能上课，大部分时间都是这样度过的，所以那段日子非常艰辛。

尽管求学的路这么艰苦，我还是没有放弃，我认为青年人应该有求学的心。

从事山林管理

在从事山林管理行业之前，我还做过船厂的学徒。工作自然不是我自己喜欢的，但是在那个年代，有份工作已是幸事，哪敢奢求太多。那时我刚刚十五岁，在路环荔枝碗造船厂当上了维修机械的学徒，主要是学习渔船维修，一做就是五年。

20世纪70年代末至80年代初，在路环靠岸的渔船数量明显减少。1980年，内地改革，大量内地人来澳，而我所工作的船厂，老板的子女也来到了路环，并到船厂帮忙，我只好转到别的地方工作。

其后我转到了海岛市政厅辖下的农林厅工作。当时选择这个职业，主要是考虑到上班地点很近，很方便，而且可选择的工作并不多，但是，热爱自然的天性，使得我渐渐喜爱上这个职业，从此再也没放下过。

农林厅里面有六十多位工作人员，工作时间较短，每天七点半上班至十二点整下班。为了避免在猛烈的阳光下工作，中午的休息时间较长，下午两点半才继续上班，五点半下班。

我主要负责植树和管理农场、公园、步行径、烧烤区以及整体环境的生态保护方面的工作，负责范围甚广；除此之外，我还会处理一些维修方面的事情，因农场里有一些发电机、水泵和推泥机等。

当时的农场位于路环石排湾公园，那时还会有很多来自不同学校的学生参观农场以及种植树苗等，我们工作人员都会带学生们去行山（巡视山岳），让他们认识一些野生动植物。

石排湾郊野公园

农林厅的工作很辛苦，若是对这个工作不感兴趣或者没有毅力，都无法坚持下来。曾有不少青年人进来，但是不太喜欢“风吹日晒”，不久就离开了。这也是人之常情，因这份工作如要有成绩，必须要等十多年，所以要做好这份工作，还是需要有信念、恒心以及毅力的。

而我也逐渐爱上了这份工作。其实我早前也曾报考过其他部门，我还是以第一名被录取的，薪金方面也很有吸引力；但最后我还是选择留下来，因为我对这份工作有着深厚的感情。

1990年，我开始有了很多升职的机会，之前十年的生活都较为艰辛。早前我曾担任自然护理署署长，其后于2007年6月转往澳门工作，担任环境卫生及执照部部长一职，那时已在路环工作近三十年了。

路环山林发展的功臣

从一些旧照片中我们可以看到，最早时候的路环、氹仔和澳门半岛，山头都是裸露的，植被十分脆弱。昔日的澳门十分落后，人们生火做饭主要是以烧柴为主，所以有好多人会上山砍柴，即使生长不高的草也会拔下来当柴。造船业兴起后，人们大多改为收集船厂锯下的木碎来当柴使用。

直至20世纪70年代中期，开始有市政警察和巡山员看守山林，当时还会配备枪械来禁止人们上山砍伐树木，连草也禁止割。

因为昔日植被保护很是不够，海岛市政厅成立以后，才开始大规模植树造林，并取得了一定的成果。

市政厅首批种植的树木是马尾松（即松山上的松树），成片成片的，长得很美。可是70年代末80年代初，松林发生了大规模的虫病，导致离岛大部分松树枯死。也就是在这时，我开始进入那个部门工作。当时我们通过政府部门向广东省农林厅专家仔细咨询研究后，决定重新种植树木，不再种植单一树种，而是以生物多样性的方法来调剂植物。同时考虑到离岛山头的植被较为脆弱，土地较为贫瘠，我们也曾考虑过种植一些乡土树种，但由于离岛山地干旱，故改为种植台湾相思树。台湾相思树是豆科植物，这种植物下面有根瘤菌，它可将泥土养肥，继而再种植其他植物。

这个过程是非常艰辛、漫长的，一般播种后还需等待十年，才可以种植其他树木。台湾相思树可说是树种的先锋，先用它养肥土地，其后才种植其他树木，这是种植的技术。

在这数十年开山种树的过程中，令我甚为惋惜的是，有些曾与我一起种植树木的同事，有部分未能看见成果就逝世了，以前我们每天从山脚担水上山头浇树。经过我们长年累月不停地工作，才换得现在离岛山头的植被如此茂盛。

除了种植树木外，我们还会做一些防火以及开辟步行径的工作，通常是按照不同山头的高度，在中等线偏上的位置开辟步行径。最初我们开辟步行径的主要目的，是为了方便种植树木时，将水、树苗以及肥料运送到山头，同时也希望能借此将火种的源头隔开，方便消防人员迅速地进入山林里救火，后来渐渐变成了行山人士的好去处。

1980年至2000年间，我们除了不断开辟步行径外，还会开辟一些支径（即不同的出入口），让市民有更多路径前往山顶。现在林区中有一个全长超过两万米，包括不同形式的相当完善的步行径路网，为市民提供了一个既安全又有益健康的接触大自然的机会。而中途所看见的石阶以及路牌，也是当时我们部门的人员修建的。

此外，我们还利用生物的多样性来让山林有一个自给自足的能力，更利用不同的树种来搭配不同的动物、昆虫等。澳门至今还有部分萤火虫，若不加以保护，可能以后无法再找到萤火虫了。

其实我觉得澳门的山林土地与其他地方相比，较为珍贵。就香港而言，虽然每年烧毁的山林较多，但由于当地山林的占地面积较广，所以即使有部分被烧毁了，仍有其他部分补充。澳门的山林虽然面积较小，可是澳门的植被相对保持较好，所以我认为澳门的山林资源也有好的一面。同样，在澳门，路环的绿化区则更为难得，不仅面积大，而且保持得很好，这全是一些默默无闻的环保人士的功劳。当我拜祭母亲时，我也会到他们的坟前，拜祭一下他们。

路环与澳门、氹仔、横琴间的联系

昔日，船是联系路环与澳门两地的主要交通工具。早期我在机器厂工作时，有些机械以及制造零件都需要往澳门采购，且路环很多日常货物以及生活用品大都来自澳门。除此之外，路环还会供应澳门一些咸鱼，有时也会把在路环饲养的一些家禽等运往澳门。在某些节日，澳门人则较喜欢前往离岛过节，那时来路环的人特别多。

20世纪70年代，路环通往氹仔的公路已经通车（即现在的金光大道），那时主要是依靠巴士定期来往两地，所以若要来往两地也并不是一件困难的事，但当时还是泥路。早期路环与氹仔之间的互动较少。我记得那时候往来最多的就是氹仔的几间饼铺，他们（商人们）常常会从氹仔运一些饼（如鸡仔饼等）来路环卖，除此之外就没有其他特别的货品了。

早期有很多氹仔的造船工人也会来到路环工作。虽然昔日氹仔的爆竹业和神香业很兴旺，但那时到氹仔工作的路环人较少。此外两地之间还会有一些社团以及婚丧嫁娶的联系。故此路环与澳门间的往来较氹仔为密切。

路环与横琴岛也相距不远，相距最窄处不到300米。填海前，我们偶尔会坐船前往横琴游览。听闻横琴以前曾被葡国非法短暂统治过一段时间，后赢得独立。

昔日的横琴，相对于路环，更接近自然生态，植物生长得较为茂盛。由于两岛之间相距较近，两地居民的关系相当密切，后期还经常有嫁娶的关系以及小规模的商业往来。往日，横琴的居民都会带一些商品来路环售卖，如木柴，他们会从自己岛上砍一些木柴拿来路环售卖，除此之外也会拿一些水果、蔬菜来卖。

“文革”时期，路环与横琴两地之间的来往曾一度暂停，直至1979年之后才重新开启。

20世纪70年代后期，由于内地的政策开放，很多横琴人都持有澳门居民身份证，他们可以随时坐船经码头来往澳门，两地之间的关系变得更为紧密。当时由路环码头乘坐机动船通往横琴只需15分钟左右。那艘船较大，可容纳50多名乘客，岸边设有收费站，必须买票才能坐船。

路环的节日与建筑

路环的节日主要有谭公诞（农历四月初八）、观音诞以及金花诞等，其中谭公诞是路环最大型的节日。早期人们会在谭公庙前做大戏来庆祝谭公诞，许多香港粤曲名人也曾来澳表演（如任白、罗家英、汪明荃等）。

其实早期的大戏表演，澳门相对于香港更为兴旺热闹，连任白也是先在澳门落脚，继而才转往香港。以前我曾跟随母亲到谭公庙拜神，谭公庙过往的香火十分鼎盛，后来由于路环大部分的人口都迁移到澳门半岛、氹仔以及香港等地，现今谭公庙的香火比以往逊色不少，可是在每年的农历四月初八，他们都会回到路环一起庆祝谭公诞。

这些庙会表演最早是由忠义堂所筹办，忠义堂是路环一个较早的社团，主要举办一些庙会，这个团体没有注册，现在也没有特别的运作。工会有些年老的会员、理事等，也曾负责庙会的管理，但后来在“文革”时期，工会被澳葡政府视为是红色团体，庙会的活动也被视为迷信行为，曾一度被搁置。

路环四庙慈善会成立以后，便改由四庙会来负责做大戏以及搭棚等工作。其中飘色巡游表演是四庙慈善会在近十年八年才开始加插的一项表演，其目的主要是希望增加本地的地方特色。

虽然多年来路环人口渐渐流失，但庆祝节日的人流却没有因此减少。一方面因为大型节日时，有很多移往外地的人都会回来一起庆祝，而且政府在回归后，已将农历四月初八定为法定公众假期；另一方面因路环的街道较为狭窄，大都是“横街窄巷”，只需几百人站在街上，就可形成长长的人龙，造出热闹的气氛。

路环还有一座金花庙，金花与观音的性质相同，庙内供奉了三个神明。但在路环，庆祝金花诞的市民较少，一般庆祝谭公诞的人较多。

昔日的教堂以及庙宇与现在一样，只有增加没有减少。路环的特色就是它本身的建筑物，这里的建筑物大致上都是使用人力建造，甚少使用大型机械，这是当地人最容易接受的建筑方式。线条自然，再加上当地人们纯朴的性情，使这些建筑看起来具有少数民族的风情。

路环街坊四庙慈善会

路环各业工会

路环各业工会成立于1958年12月20日，由一群爱国人士在10月1日进行开会商讨，经过约两个月的筹备才正式成立，会址也就是现在工会的会址。

成立之初，工会只有十多个骨干分子，其成员主要是各行各业的基层和草根阶层，并非各行各业的商家。因当时中国人常常受到欺压，处于无助之中，于是一群志士便决定成立工会，其宗旨是希望能通过工会为华人争取应有的权益。

最初，工会被视为非法组织，常常遭到葡澳政府的阻挠，只能秘密地开会。后来有一段时间，一些黑社会分子来澳，人们便希望加入工会，从而取得保护，因此支持工会的人越来越多，继而澳葡政府便以姑息的态度对待工会。

就是这样，工会由一个遭受压制的组织，继而变成了民间和政府的一个桥梁。这个桥梁并不是中立的，而是关注基层的权益，且有抗争的性质。

各业工会成立以来，为路环做了很多事情。例如路环居民学校的建立，就是希望路环的居民都有读书的机会，而不仅仅局限于工人子弟。该校所教授的内容也符合中国人的民族利益：自己办学校，自己教育，以爱国理念为核心。

那段时间，工会也曾在工会会址前、九澳以及黑沙等地方播放电影来宣传爱国主义，开展得如火如荼。民间如果有什么不能解决的事情，也会找工会帮忙；市民们都视工会如政府一样。如之前办回乡证，若不在工会盖印章，便不算是回乡证，只可称作介绍书，因此若要回乡，必须到工会盖印才可以。

以前每次台风到来之前，工会都会派一些工作人员到住户家中，提醒他们做好防风措施；风高物燥时，会提醒人们小心防火；老鼠较多时，工会也会派工作人员提醒居民慎防鼠患；干旱季节时，因路环常常缺水，工会又会有代表与政府部门进行协调，为当地的居民提供食水；遇到家庭纠纷时，亦会有人帮忙调解；发现有人吸毒，也会一起去捉拿“道友”。

工会也曾帮忙解决过不少因劳资纠纷而起的冲突。如以前竹湾酒店曾解雇了一班员工，最后各业工会派人帮忙进行谈判，才得以解决；早前因市政厅征收檐篷税过高，也曾有代表与政府协调相关问题；以前黑沙有葡国人打村民的事情，也是工会派人帮忙处理。

工会还曾代表路环的居民，同政府商讨有关坟场的问题。因为那时人死后，需要付一大笔钱才能安葬，居民们觉得不太合理，而且草根阶层都较难承担这笔款项。结果在谭公庙后面开辟了一块荒地，挖了一些石头出来，并建造了一个坟场，就是现在的路环各业坟场。在坟场附近还有一间屋，像“停尸间”一样，只要不是一些不吉利的日子，便会有工作人员义务帮忙挖地和搬尸体，并帮忙安葬。

这就是工会的作用，实实在在地帮助市民，所以才叫“路环各业工人互助会”。

我16岁时就加入了工会，最初我只是一个小小的会员，但我热心会务，积极参加工会的活动。后来担任理事，其后升为副理事长、理事长，现在担任会长。

随着社会的发展，现在与以前不同了，以前的人不会过分注重个人名分，有空便会去做。现在有了社会的福利制度，越来越多的社团以及工会的作用，已经没有以前那么大了。

关注路环发展

路环的发展，首先要提升人口数量，以及改变旧城区的样貌。人流多了，需求也会随之增大，该区的店铺便能维持，再加上政策上的配合，人们便可享舒适生活。

建设路环可加强其海岸线，将一些被破坏的山体用作居住用地，但必须在交通、排水道以及自然景观等方面作出妥善协调。路环市中心的田畔街（即路环街市附近）等地有较多空置的地方，可改建为住宅等。

田畔街

要将路环人口数量多提升几千人，相信这并不是一件困难的事。

在文化景观上，我认为可以将荔枝碗那里的船厂打造成一个具有当地文化特色的旅游景点，像云南丽江一样，既可居住，又可观赏。因为造船工业在澳门有过百年的历史，造船遗址只能在荔枝碗这个地方找到，若能好好地修饰，在文化产业上必会带来益处。

还有本土一些其他的特色，如做虾酱、咸鱼等技艺，都应花点时间，把这些资料搜集回来，要不然有可能会在历史上消失，所以需要加强非物质文化遗产保护方面的工作。有些东西是需要承接下去的，一个品牌，如不能好好地承接，就会消失，即使仍然存在，也将变得平淡无奇。

自然景观方面，路环有很多美丽的地方，若能将路环沿岸和红树林中的污染物净化，扩大绿化面积，让更多鸟类在此栖息，那么路环的旅游价值会增加很多。由西湾桥到氹仔海洋花园、荔枝碗都是澳门很美的一道风景线，在这里可以看日落等风景，也可以休闲地骑单车。

路环还有些地区可进行发展，但千万不能过分开发，就像澳门的松山一样，周围的建筑楼宇对于斜坡的维护是有影响的。山没有完整的自然线是不好看的，所以在规划上必须取一个平衡点。

澳门急速发展，市民们对自己的居住环境越来越关注，他们还是希望能享有清新的空气以及舒适的环境。但现状是可休闲的空间变得越来越小，污染越来越严重，路环岛以外的岛也在不断地被填海发展，在某种程度上都直逼路环，那么路环何去何从呢?

作为在路环长大的人，我认为路环相对于澳门半岛以及氹仔来说，是环境保护得最好的地方，虽然在这几年中曾受到一定的影响。但今时今日，如果路环能做到一个较好的定位，相信澳门人会很喜欢在这个后花园中休闲的，路环也是十分值得我们去规划的。现今城市人常常会遇到很多心理上的压力，人们都需要些空间来舒缓一下压力，路环应该朝着自然、环保、休闲的方向发展，这是我的希冀所在。

2017年2月19日《澳门日报》报道：

梁冠峰：配合规划移植荔枝碗红树

民署管委会委员梁冠峰表示，路环荔枝碗船厂对出海口的红树林自然生成与结构物有一段距离，料船厂清拆对其影响不会太大。民署将配合日后规划移植或种植红树林。

梁冠峰指出，荔枝碗船厂对开海域因外来滋扰较少，有助内里的植物生长，林内有本地和外来物种的红树，部分亦与船厂有一定距离，料船厂清拆不会对红树林造成太大影响。民署会配合政府规划，根据实际情况，日后亦可移植或种植红树林。

昔日龙环葡韵一带发展后，海水被截断。红树必须生长在咸淡水交界处，故早年民署开始移植该处的红树至莲花桥底一带，现时莲花桥底面向横琴澳大校区的红树林生长茁壮，最高达四米半，涨潮时仍有两米露出水面，为大量雀鸟提供栖息地方。

殡葬业的坚守者

李锦波　口述
陈达尧　整理

澳门在离岛有一处“香格里拉”——路环。路环享有得天独厚的地理位置，与横琴岛和氹仔岛的海域构成“十字门”，是古时重要的海上运输连接点。路环四周环海，土地资源和渔获、海产十分丰富，曾是一个经济繁盛的地方。时移世易，自从路环沿海的渔获减少、渔业衰退，就业率降低，路环居民纷纷外迁，路环走向了现今的萧条景象。

20世纪70年代末搬入路环居住的李锦波，虽然不是路环的老居民，但他对路环怀有一份独特的情谊。在这里，他默默经营并坚守自己的工作——殡葬业，同时，见证路环的昨天和今天。

定居路环　历经沧桑

我叫李锦波，1954年出生。我在1978年从内地搬到路环定居，在路环开始新的人生，街坊居民都叫我“波叔”。

我九岁便步入社会，十六岁开始学习泥水工作，二十岁便自立门户，后来与一班工友来到澳门，从事的是殡葬业，现在我已是澳门永久性居民。

路环不以农业为主，以前这里没什么人种植农作物。米粮或生活所需物品，居民一般到横琴购买。此外，路环的工厂也不多，有几个厂存在，也是新新旧旧，轮番倒闭。

我刚到路环市中心定居时，它依然是一个很热闹、很兴旺的小港口。每逢凌晨，渔民便携带着大量的渔获浩浩荡荡地回到民国大马路和荔枝碗一带的海域起锚，当时一箩满满的虾蛄（俗名“濑尿虾”）只需40元，吸引了很多的澳、氹商人和市民来光顾，饮食业、造船业和杂货业也很兴盛。

世事变幻，这些光景一去不返，唯留一片寂寞与清冷。就连荔枝碗的荔枝也陨落枝头，让位于康乐设施。到了20世纪80年代，工友们大都转行到其他职业，我和少数的工友还是继续从事殡葬业。

路环的衰落，是在路氹连贯公路通车之后。当时澳葡政府从未对路环规划一个合理而长远的蓝图，早在60年代，路环的工作岗位已开始饱和。路氹通车，令更多的原居民迁出路环，另谋生计，加之沿海的渔获渐渐减少，众多渔民搬至澳门内港码头一带，很多都上岸谋生，路环的渔业也开始慢慢衰落，造船业随之衰落。人口骤减，令当地的饮食业、杂货业和房地产业也衰退，整个路环的发展就如同大海退潮一样，江河日下，最后余下老一辈的居民在路环默默耕耘守望。

路氹连贯公路（20世纪70年代），摘自《昔日路氹——澳门海岛图片集》（海岛市政厅、澳门历史学会，1994年），第79页

殡葬业的默默坚守者

我在路环经营殡葬业的“一条龙服务”，主要工作是打石碑，同时也负责打理山坟、修葺墓穴、安葬和拾骨等。在路环，这个行业里的人员都是从事多年了的，因此顾客可以不通过中介而直接联系我们。同时，这个行业的收入也是不稳定的，我以前月薪为两三万。比如修葺山坟的价钱就

路环信义会之三伯园坟场（20世纪70年代），摘自《昔日路氹——澳门海岛图片集》（海岛市政厅、澳门历史学会，1994年），第78页

很有弹性，三百、五百，几万元的也有，这些都取决于顾客的需要。一般来讲，顾客多是选择几万的价钱。

除了路环，我还经常负责澳门那边的山坟，我们的顾客也不仅仅局限于路环，澳门半岛、氹仔等都有。我做这一行，坚持凭良心办事，不能草率从事。就算是一些已没后人照管的墓穴也要打点，这是出于对顾客的尊敬和对先人的尊重。

路环现在有三座坟场，但是基本不够用。因为这里是不可以卖山坟的，而且也不是任何山都可以做山坟，必须是政府给予牌照，规定哪座山是山坟。

现时澳门的山坟都是以前选定的，当时社会上并没有城市规划概念，居民会把先人的遗体葬在附近的山上，久而久之，便形成了山坟，路环也是如此。路环的山坟全部拥有牌照，每座墓穴都有号码规定。若要修葺，要先到政府部门办手续才能维修。

随着社会的发展，这三座坟场已不能满足现今社会的需要，骨灰箱也趋于饱和，而澳门半岛、氹仔岛和路环岛已再没有空间可以开发山坟，所以我认为要解决先人遗体的问题，应该在路环建一座火葬场。因为路环拥有合适的地点和空间，如路环市政坟场旁的地方。但社会上对火葬的概念仍处于保守阶段，所以火葬这种形式在澳门的前景很难预测。

还有一个很现实的问题，就是澳门地区的殡葬业对于内地过于依赖。由于澳门土地有限，火葬场仍未建起，加之社会老龄化越来越严重，而内地殡葬业市场良好，拥有足够的空间和完善的设施，所以很久以前，便有很多澳门人选择在内地为先人火化或者入土。

然而从长远来看，这并不可行。首先，内地的殡葬业市场收费要远远高于澳门。现在内地一座墓穴的价钱几乎可以媲美楼价，有的甚至过百万，可惜澳门寸土寸金，灵位也越来越少。其次，交通甚为不便。还有就是我们担心今后将遗体安放在内地也不可行，所以政府应尽快物色合适的地方建立火葬场。

照我看，澳门殡葬业的前景并不乐观。澳门的市场大部分已被内地占领了，青年一代又不愿意从事该行业。虽然我们现在也培养了一批新人，但数目不多，且以新移民为主，学满师也要三四年。加上殡仪服务的收入不稳定，可谓“细有细做，大有大做”，几百至几十万也有，但接单的数量不是很多，时有时无，自然难以满足青年人的从业要求。所以我好希望政府能补助这个式微的行业。

个人生活

尽管路环还没有得到政府的眷顾，发展依旧裹足不前，人口也越来越少，但是我在路环的生活还是很开心的，因为这里有我平淡而幸福的一切。

白日的路环，自然而清新，泥路改为平整干净的马路，生活设施逐渐健全，富有海湾特色的种植园的出现，都增加了路环的魅力；晚上的路环，更是一派渔港之夜的风格。喧闹的陈胜记（《舌尖上的中国》在此拍摄过美食）晚上10点便会休息，“雅典”和“华记”都是在10点打烊，只

华记美食

有少数几间商铺会工作至12点，路环居民也很少会在晚上光顾他们。

享受渔村的清新和静谧，也许是路环在澳门旅游业发展的特色。路环虽然是远离澳门的一座小岛，却拥有众多富有特色的庙宇和教堂，特别是市中心充满着欧陆风情的建筑，还有青翠的松林和清洁的河岸，每逢农历四月八，还会举行盛大的庆祝活动，庆贺谭公诞。

发展预期

现在每天来路环观光的旅客不少，但是由于路环自身设施的不完备，他们仅仅是来买安德鲁蛋挞、参观谭公庙的匆匆过客。此外，澳门虽然盛行妈祖文化，但是妈祖文化却不曾惠及路环，游客未到路环，已先到了妈祖文化村。

总之，路环的发展在旅游业，更在于自身旅游规划的健全。我十分期望政府能把路环规划为澳门的旅游与度假胜地，构建澳门另一处别具风情的历史文化地标。

渔家往事

林娇　口述

洪丽春
洪丽钦　整理

对于路环，长于斯的林娇有这样一番感受：路环由一个宁静的小渔村变为繁华的小城区，再到淡去喧嚣、冷清安逸的静默者。这么多年，林娇伴随着路环的风雨成长，最愉快和最艰苦的时期都在路环度过。而今，岁月淹没了青春，往事却如海风吹过沙滩，一一清晰起来。

黑沙环避风塘，往日都是渔船湾泊的地方，摘自李玉田《李玉田摄影集·濠镜写真六十载》（澳门综艺摄影会，1998年），第105页

曾经的陈胜记

渔家童年

我叫林娇，祖籍是广东阳江东平，和很多渔家孩子一样，我在渔船上出生。我，还有父母、哥哥、叔叔、婶婶都一起生活在船上。我们家的船不大，是帆船。

记得在我十岁左右，路环沿岸有百多只帆船。当我十五六岁时，渔船开始安装机器，那时有两三百艘渔船，是路环渔业兴旺的时期，浩浩荡荡的渔船停泊在陈胜记（十月初五马路的一家餐饮店）对岸的海面，十分壮观。

渔家的生活还是很艰辛的。我们一家在黑沙往前一点的地方捕鱼，早上出海晚上归航，我们的渔获不少，但都是很小的鱼，如黄皮鱼，十月份就捕黄花鱼，一艘船可以捕获十担鱼，但也仅仅是够糊口。

我很小就要出来干活帮补家计。我记忆里的童年大部分时间都在干活，但我也会相约三五好友到海滩玩，我们最喜欢的就是在船上捉迷藏、跳绳和“就艇仔”（“划小艇”之意），“就艇仔”就是把朋友从岸边送到船上，每天都是用这种方法娱乐。我很喜欢大海，从小就把大海当成我最好的朋友。长大之后，我会和好友乘客船到澳门去看电影。

我们渔家的孩子，大部分时间还是帮补家计。我在十一二岁就开始制爆竹。每天都有人将爆竹从澳门运到路环，在路环码头上岸，上岸后工人把爆竹分发给大家回家加工，大约半个月或是一个月就会收回已加工好的爆竹，然后才会发放工资。我把爆竹拿到艇上，日夜不分地忙碌，晚上制作时点上一盏酒精灯，因为那是挣开饭用的钱。十五六岁时，我就帮妈妈做“水上的士”的工作。

移居岸上

随着年纪慢慢大了，不想再继续海上艰辛的渔家生活，我们一家人便移居岸上，但仍从事和渔业有关的工作：收鱼、称鱼和协助渔民捕鱼。

我丈夫也是从事这一行的。我们当时是这样制作咸鱼的：将收回来的鱼先称重，后晒干，再制成咸鱼，这三个工序叫“三擦咸鱼”。整个工序都是在家里进行，有时候我们也会把鱼浸泡在大桶内，置于街上。腌咸鱼主要的工具是一些很大的盆，先将鱼鳃除去，然后再把盐放入鱼肚中，放置几天后把鱼去鳞，然后晒干。后来改用木箱藏盐，一条条咸鱼整齐排放，咸鱼就是这样制成的。

腌好的咸鱼，我们或直接拿到农贸市场售卖，或一箩箩打包好，然后销往香港。那时有货船载着鲜鱼连夜驶往香港，半夜12点半开船往西营盘，将鱼售给鱼贩。

其实，无论岸上或者海上，渔家的生活都是清贫的。我小时候，每天只有两三元的工资，一个月下来只有几十元，还好以前物价不高，一个猪仔包只要5仙，1毫一杯咖啡，3至5毫一碗云吞面。

日子只能说是过得去。我还是很怀念以前的渔家生活，现在的油渣费太昂贵，沿海水位也太浅，渔船不能泊岸，路环已经差不多二十年没有渔民了。

现在辉记咖啡室所在的那条街叫打缆路，以前渔民在打风（台风）或是在休渔期不用出海时，很多人会在那里打网，有大人也有小孩，场面很壮观，也十分有趣，所以那里才命名为打缆路。从圣母圣心学校那里一直到天后庙的路，都叫打缆路。英利鱼栏前的路，以前是晒虾米、蚝豉的，虾酱一筐筐放满路边，那些腌好了的虾米还未压烂，要用棍将它们弄烂，晒好后就成了虾酱和虾糕。

寂寞的路名，在宣示着昨日的渔家乐吧？

商铺门口的咸鱼

TONG KEI
棠記

鱼获 摘自《海岛季报》创刊号，1982年

渔家人眼里的教育

在我们那个年代，贫多富少，没多少人读书，大家都不知道知识的重要性，随便认识几个字、会写自己的名字，已经很了不起了。我哥哥也没怎么念过书，只是偷偷地去学校上过两天学，会写自己的名字。我们那个年代，重男轻女，我就更没有机会去念书了。那是当时渔家人对教育的一致看法吧，也许生活太过艰难，也无暇顾及。

我自己一直赖以为生的工作便是渔业，其他的，我什么都不会做，所以我明白读书的重要性。为了让子女日后有所成就，我不管多辛苦，都必须让孩子完成大学课程，好让他们以后的路走得更平顺。我有两个子女都在澳门大学获得学士学位，最小的女儿也刚在澳洲完成七年的建筑师课程。儿女们各有所成，正是我们做母亲的愿望。

路环的神诞戏

小时候，我很喜欢看神诞戏。路环庙宇内所供奉的天神，都有属于自己的神诞戏。每当有神诞戏时，路环的居民都会一起庆祝，连澳门半岛的居民也来凑凑热闹。这个节日，不仅仅属于高高在上的神灵，也是路环居民彼此联络感情，丰富生活的机会。

路环一共有四个庙，分别是三圣庙、观音庙、谭公庙和天后庙，以前所有庙的宝诞都做大戏，是由路环街坊自己举办的，主要由四庙慈善会负责。我自己都是四庙慈善会的老会员了，也是想尽一份心力，街坊彼此互助，将节日搞得热闹些。

对于路环而言，最重要的就是谭公宝诞了。每年农历四月初八的谭公宝诞都举办活动，大戏要做四日五夜，得用上五六十万元，这还不算搭棚和请人带位，再加上吃饭，就要上百万了。巡游那天才是正日，每个人都可以免费前往观看，有兴趣的话可以买慈善票。神诞巡游时，特首何厚铧都参与过，它的热闹和盛大可想而知了。

三圣庙

现在只有谭公诞的时候才会做神诞戏，而澳门半岛那边会为天后诞、三圣公诞和观音诞做大戏的。

四庙慈善会做大戏所用的钱，都是由路环的商店募捐的，多有多捐，少有少捐，没有强制捐款金额，但是大家都会为这个节日尽心尽力的。

除此之外，逢时过节，四庙慈善会都会举行敬老活动，向六十五岁及以上的长者派发红包或者平安米，或者宴请一些长者到横琴吃饭。如早上

热闹的粤剧神功戏

10时，和长者到横琴一日游，然后在那里吃饭，晚上才回路环。年廿三时，封一包小小的利是。

慈善会的经费主要是政府和商家赞助，还有路环居民的捐献。路环是一个充满人情味的好地方，民风简朴，居民和谐共处。

路环美中不足的，是特区政府没有大力推动路环的开发工程，导致现在路环的居住人数越来越少，特别是那些破屋，不进行改建，就更没有人愿意来路环住。我很希望政府在开发路环的时候，把住房问题作为首要问题加以解决。

路环往昔

以前的路环，还有非籍士兵和葡萄牙人。在我们看来，葡人比非籍人士更懂得尊重他人，非籍士兵会挑逗和非礼年轻女孩，大家都好怕见到非籍士兵，要是不小心遇见，女孩会马上躲藏起来，有些女孩怕得不敢出门。

幸好，这些都已经远去了。开心过好自己的每一天，享受平稳安定的生活。

2016年5月12日《澳门日报》报道：

路环信义福利会主办、民署协办的“光辉路环四月八”系列活动，将于周六（农历四月初八）上午十时举行，内容包括“会景巡游添欢乐”“缤纷啤Beer嘉年华”及“信义盆菜聚乡情”。活动多姿多彩，提供充满地方特色的嘉年华盛会。主办单位称，活动举办五十多年，对团结路环、宣传路环及促进旅游发展产生正面作用。预计有逾三千人参与。

澳门曾有非洲黑兵服役驻守（1955年），摘自李玉田《李玉田摄取影集·濠镜写真六十载》（澳门综艺摄影会，1998年），第189页

与世无争的生活

包丽琼 口述

冼嘉宜 整理

昔日的路环犹如处身于澳门闹市中的一个世外桃源，在动荡不安的年代里，路环的居民安稳定居于这个小岛上，与世无争。渔船络绎不绝地靠岸、落货、补给，然后再次扬帆出海。岛上居民都是再普通不过的百姓，每天日出而作，日落而息。白天，孩童的打闹声、小贩的叫卖声、老人的笑谈声此起彼落；夜里，偶尔传来声声犬吠。邻里和睦、生活安逸是当时的写照。

80多岁的老婆婆独自守着一间光线昏暗的小店，她的生活是怎样过来的呢?

随丈夫到路环生活

我叫包丽琼，1925年出生在澳门。街坊邻里都叫我作“二嫂”，因为我先生是家中第二子。现在我是一个人守在路环客商街的一间小店内，我还能够独自打理小店。

我娘家在澳门半岛下环街附近，我先生是路环土生土长的本地人。我十七岁嫁给我先生，就正式搬入路环定居。我在澳门半岛生活的时候，家境并不富裕，没有接受教育的机会，只能在家中打理家务和照顾弟弟妹妹。

当年澳门街的治安不好，警察在街上巡逻，市民在街上犯事，或被拘捕、或被殴打。以往如果能混上一份政府工作，就已经很厉害，所有人都会怕他。

我初嫁到路环，几个月之后，日本人就打来香港了。那段“风潮时期”*，我们没有饿死都算是很幸运了，全家都是吃粥度日。

我嫁到路环，就一直居住于一幢两层高的小楼里，前铺后居，就这样待在路环度过了大半生。

初到路环之时，此地跟乡下差不多，邻里都是朴实的人。虽然路环并不富有，但是人气旺盛，每天都是热热闹闹的。路环沿岸有无数渔船靠岸，街市从早到晚都有各种鲜鱼供应，居民更会跟渔民和造船的工人打成一片，好不热闹。路环这个小岛人口不多，全岛的居民都相当熟悉，过去在路环，最方便的事就是寻人，你要找谁，一定有人可以给你答案。

在路环生活，有人种田，有人种花，我们一家则在山边养猪，猪养肥了就拿到市场售卖，这样的生活简单而原始。

广源小店

我们家的小店叫广源记，是我家公在路环客商街创立的杂货店，至今

* 1941年12月日本偷袭珍珠港，12月底香港沦陷，至1945年8月日本投降，中间三年零八个月时间，港澳居民生活在水深火热中，他们习惯称这段时间为“风潮时期”。

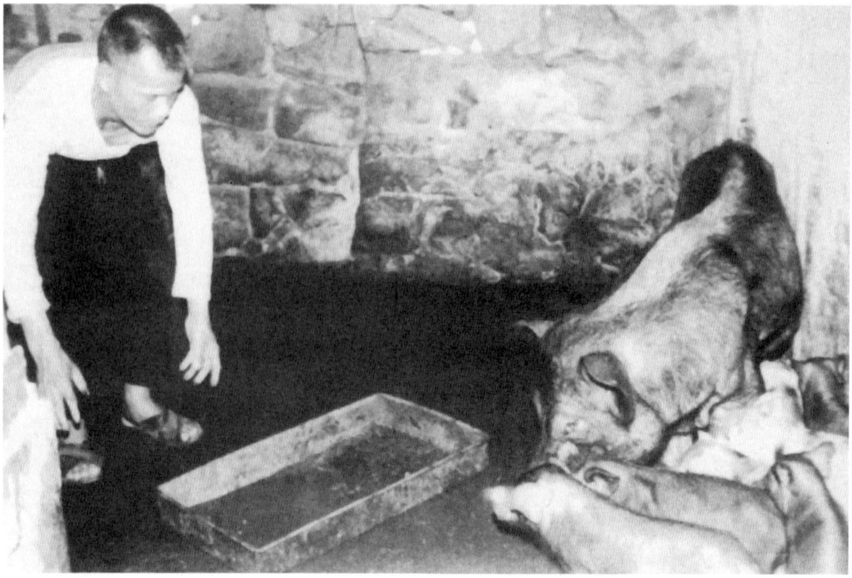

路环养猪场（20世纪60年代），摘自《昔日路氹——澳门海岛图片集》（海岛市政厅、澳门历史学会，1994年），第75页

路环养猪场（20世纪60年代），摘自《昔日路氹——澳门海岛图片集》（海岛市政厅、澳门历史学会，1994年），第75页

已有90年历史了。昔日，路环兴旺之时，整条客商街都是货物集散地，我们小店内粮油杂货一应俱全，居民、渔民和造船的工人都是小店的常客，路人在客商街讨价还价的声音此起彼伏。我那时主要就是协助丈夫打理小店和处理家务。

在小岛上过活，居民与世无争。只需花费十到二十元，孩子就能在路环的天主教学校上学。距离客商街不远处，过去曾有个医疗所，岛上孕妇分娩都会到那里。后来路环有了第一个卫生局，为居民的健康带来了保障。

客商街一角

年轻时的二嫂

2016年的二嫂

现在的路环市区，只是前往黑沙海滩的一个中转站。游客流连于路环，也只因为她的优雅景致以及特色小吃。冷清清的街道，只剩下步伐缓慢的老人。客商街店铺依旧，但开业工作的只剩下五六间商店。

我的小店只是随意卖点东西，有些神香的气味。每天早上我在店里坐坐，买东西的人很少，中午时候，我就自理一点简单的饭菜，午饭以后就关上小店，乘车到澳门看病、买菜或看望孩子，之后又回到小店准备晚饭，一天的生活就结束了。

当年相熟的老街坊，如今一个接一个离开，左邻右舍的小店一间接一间地倒闭，路环已经变得相当冷清，不复当年的兴旺。

其实路环在这几十年来从没改变。就像我这间小店一样。我的子女儿孙都定居于澳门半岛或氹仔，但是我都已经习惯了路环的简单、朴素，不再愿意前去另一个富庶的地方。只要有空时跟儿孙聚一聚，或者跟定居国外的兄弟姐妹话说当年事，就已经很满足了。

补充资料：

2016年3月24日

因为路环四庙慈善会访谈项目，我们来到路环客商街，一进小店，就看到“广源记”招牌，一问，才知道我们要访谈的对象就是几年前访谈过的二嫂。她今年已经91岁了，除了听力稍弱，其他都很好，反应很敏捷，记忆力也很好，对早年的事情如数家珍。

现在广源记的生意依旧平淡，铺面不用租金，政府给社保金、敬老金。每年有点福利金，使得二嫂的日子依然可以支撑下去。问起这个铺面将来由谁来打理，她的子女各有自己的事情，会不会继承她的店铺。二嫂爽朗地笑说："我这把年纪，就管不了那么多了。"

信义福利会：风风雨雨半世纪

杨 辉 口述
陈丽嫦 整理

在路环的中街一号（即现在的药房），也就是以前通常称为警区前地的地方，有一家辉记餐厅，辉记餐厅由杨辉先生一手创办，开业至今已有六十年的历史。半个多世纪的老店号，是路环的地标之一，有居民打趣说，辉记是路环的饭堂。信义福利会也是他一手创立的。

创立辉记

我叫杨辉。我1948年从内地来到香港谋生，辗转到达了路环。那时路环还是一派小渔村风貌，民风淳朴，乡情浓厚，当然，也十分兴旺，人口已有三四千人。这些都深深地吸引了我，最终，我定居路环。

为了维持生计，我从澳门品峰饼家批发面包和饼食，用担挑到九澳叫卖，这样卖了两年。虽然我只是简简单单地叫卖面包，但对于当时的路环是一件新鲜事。当时居民的生活很朴素，下午四五点钟开锅煮饭，还是用柴火，所以居民都很高兴有人来到这里卖面包，平凡的九澳多了一份新奇。

经过两年日晒雨淋的小贩生活，我储到了一些本钱，就在中街一号开设了第一间辉记，售卖面包、饼食、咖啡，还有糯米和麦粥，这就是辉记最初经营的食物品种。

辉记茶餐厅

初创业，真是很艰难的。开业初期，只有我们夫妻俩、我们的儿子和一位朋友打理店铺，其中遇到最大的困难便是资金周转不灵。当时做生意都以赊数（赊账）为主，一个月才结算账目。赊数在路环是很普遍的，当地的警察一个月才结账一次，公务员和建筑工人等是一个星期结账。

早期的路环辉记咖啡屋

那时每个客人的平均消费只有五毫子，而我们一天最高的生意额达数百元，可想而知生意是多么红火，顾客是怎样络绎不绝。当客人吃完之后，就会大声向店东报数额，店员们往往忙得不可开交，来不及反应，顾客已扬长而去，而没有被记下来的饭钱，就只能看顾客的良心决定是否支付了。不过之后我想到了一个好办法：在每张桌子上放一个小本子，让赊数的客人自己记下每一餐的数额，这样既方便彼此又可以减少亏本。可以说生意是越来越红火。

后来我们应居民要求，增加辉记的食物种类，种类多元化，满足居民各种需求。到了20世纪90年代，政府计划改造旧店址及其附近的建筑物，便在海边附近批出一块地，让辉记继续经营下去，即在现在“南无阿弥陀佛”石牌旁边，搭出一个铁制的棚屋。再后来我们买了现在的店址，有了新的铺位。

信义福利会缘起

20世纪50年代的路环，人烟稀少，十分落后。当时还没有什么福利会，也没有完备的公共建设，政府也很少顾及离岛的民生问题，甚至路环都没有能到达澳门的陆路交通工具，只能依靠航期不定的货船或客船到澳门或氹仔。这些是使得路环发展滞后的原因。

定居路环的，主要是一些外来人口以及一些渔民们，居民都得不到合理的福利和帮助。比如，路环没有医生，只有几个药材店，居民生病了，要么自己根据经验配药，要么等到天亮有船的时候，才能到澳门看病。

看到这些，我就联合了一班志同道合的热心人士，于1959年8月28日成立了信义福利会，创会人士包括我、谢勤、何权等。首届会员有12人，到现在会员已超过2000人了。1985年以前，我们会的会址设立在客商街16号地铺，房屋是金字顶，以瓦片铺砌，是典型的民屋风格。

信义福利会这个会名是我命名的，意为大家彼此要互信，并且要履行对社会有益的义务。

会务和贡献

20世纪中叶，澳葡政府没有在路环设立正式的办事处，大小事务都是由“地保”负责，虽说“地保”是由政府聘请，但他又独立于政府。当居民需要求助于政府部门时，要由“地保”引见，如果直接到氹仔的市政厅或找市长办理，他们并不一定受理。

路环最后一个“地保”姓孔，主要负责一些民生的琐碎事务，例如一些贫困人家家属死后没有钱举办丧礼，他会告知政府，可政府部门不一定会立刻做出反应，此时只能居民发挥互助精神，帮他们举行简陋的殓葬仪式，用普通的大草席简单地包裹尸体并埋葬。在这样严重缺乏社会福利的环境下，路环居民的生活愈见艰辛。信义福利会便是应此而成立，并提供了多项便民的服务，从居民的生、老、病、死各个阶段着手。

路环的医疗设施落后，许多孕妇得不到必要的医疗保健服务，加上接生过程不规范，导致婴孩的存活率低下。信义福利会成立以后，免费运载那些孕妇渡海到澳门看医生或做产前检查，帮助了不少孕妇顺利生产。

由于居民一般都不懂得如何办理入住政府医院的手续，所以他们都不会光顾政府医院。此外，养老、看病是人生的大事，特别是那些贫病交迫的人群所面对的困境，更是外人不知的，他们需要社会的帮助与关怀。我们信义福利会帮助他们渡过难关，义不容辞。

死是中国人最忌讳的话题，也是最为隆重和庄严的事情。一些老年人想为自己安排身后事，又基于传统思想的束缚，事情不易准备。每当有亲人去世，家人都要花特别多的时间筹备：棺材要从澳门购买，由货船运载，而且每一次只能买一寸（即棺木的一部分），每当运载棺木的船经过，岸边的渔船都很忌讳，生怕会触动到保佑他们的神灵，立即驾船退避三舍。当时有一个叫荣叔的负责这项复杂烦琐的事务。

信义福利会本着帮助人们走好人生最后一个阶段的宗旨，在20世纪70年代还增加了殡葬服务。如果居民需要金钱上的援助，福利会会出资资助他们。我们的无私服务，不但得到公众的认同，澳葡政府也对此予以肯定。政府除了支持福利会为居民提供殓葬服务外，还答应批给福利会一个地方建立坟场，以解决安葬问题，后来就有了现在的信义坟场。

目前为止，福利会的会员都可以免费安葬在坟场内，建设资金多是热心人士捐助的。

信义福利会为居民人生的各个阶段都给以了力所能及的帮助，使得这个落后渔村的人情味更加浓郁。

此后，信义福利会不断增加不同的社会福利。20世纪70年代，我们的关注点侧重于路环市区及人们的需要。

信义墓园（摘自《路环信义福利会——银禧纪念特刊》）

在70年代，路环有98间平民屋（现址为监狱的后面），里面却住了300多名居民，当时98间民房共享两个公厕，其中一个后来坏掉了，不能使用；没有自来水和电力供应；生活环境恶劣，垃圾随处可见，住屋附近臭气熏天。

路环监狱

居民求助于信义福利会。福利会首先对他们进行卫生意识的教育，劝导他们保持环境卫生，减少垃圾的堆积。政府得知消息后，派离岛市政厅的工作人员帮忙把垃圾运到堆填区。现在停车场的位置，便是当年其中一个垃圾堆填区。

居住卫生情况得到改善后，福利会便帮助他们接驳电力跟自来水。本来，在50年代，路环已经安装了自来水水表，水是从天然水塘输送过来的，但一旦遇上天旱便没有水供应，因此在未封井之前，即使安装了自来水表的用户，也是以食用井水为主。路环当时有五个水井，分别位于天后庙、中街、上角跟街市旁边等，因此，除了山水还有井水，水源很充足。

60年代时发生过旱灾，水井使用率太高，居民日夜在水井前打水，导致水量严重不足，每次只能打到一两斤井水。当时，信义福利会便发动居民用水泵泵水，而且还到澳门租借工具，把所有的井都清洗一次，井底被清理后，井水质量得到改善，因此所有人都平安渡过了这个旱季。

到了80年代，市政厅人员检验井水质量时，发现井水受到污染，不能再使用，并且通报封井。福利会趁此机会，帮助居民彻底解决吃水问题。当时虽然使用了40万元安装自来水管到平民屋，但是仍然不能直接到户，每家需要在自己家里安装一个水表。

此外，平民屋的台阶崎岖不平，经常有行人被绊倒，福利会就将路面修好，并安装电力照明，即使在夜间也能看清楚。

自1959年到现在，信义福利会走过了风风雨雨半个多世纪。它的存在和路环居民的生活时时刻刻都联系在一起，它的存在，标志着路环人守望相助的情谊，也是这个落后的小渔村在一批又一批的青年人离开之后依旧存在的理由。

光辉路环四月八

传说在清朝咸丰或同治年间，华南沿岸发生了一场大瘟疫，后来谭公显灵，瘟疫得以消除。包括路环在内的沿岸地区为了酬谢谭公的救助，纷纷兴建谭公庙供奉谭公。

信义福利会自1959年创会以来，每年农历四月初八，以庆祝谭公宝诞为目的，组织会员巡游祈福，举行会景大巡游，参与的人多为会员，人数大约有300人。谭公圣像被尊放在一辆红色的车子上，由壮丁护送，并跟随队伍环绕路环市中心出巡。每位参加的成员都拿着一面写了“信义”二字的三角小旗帜，观看着巡游的过程，即使是从澳门半岛来看巡游的游客，也会把这面三角小旗帜拿回家作纪念。

1966年的“一二·三事件”发生后，福利会怕引起澳葡政府的不满，所以改巡游名为“会员行大运”，亦借这个机会筹集善款，用作修缮路环的公共设施。

到了80年代，巡游又增加了不少新元素，每次都吸引到一千多人参加，后来也改名为“行善积福会景巡游”。到了90年代，这个活动得到海岛市政厅的支持，并把这天定为“路环联欢日”，信义福利会亦把巡游改名为“光辉路环四月八”，希望借此机会宣传路环的文化。

参加游行的队伍穿着不同地区和时代的特色衣服，场面热闹壮观，吸引了众多市民的围观喝彩。

1999年的巡游队伍中，有醒狮庆升平会员队，信义会征会员队，兔年行运、见义勇为、八仙贺寿恩耆中心队，亚嫂有礼恩耆中心队，老当益壮恩耆中心队等每年的特定队伍。2004年还加入了哈利电单车队和迷你车队。

民众跟随在队伍的后面，由巴士总站出发，绕路环市中心一周，途经谭公庙。庙内有醒狮表演，而居民则纷纷用香烛和食物等祭品供奉谭公。供奉完毕就返回原地点，并举行一个行善积福自助餐给参与人士享用，食物是一些祭祀过的烧肉跟水。每年派发的食物数量不断上升，从一开始只派发400多份到现在的4000多份。当晚还会举行会员联欢聚餐，宴开45桌酒席。由于在室内举办且参与人数众多，要分设两轮酒席才能招待全部的宾客。

2000年，自助餐活动改为“盆菜聚乡情”，2004年“移师”到户外，开设了100席，并请有嘉宾助兴。

除了信义福利会在这天举行庆祝活动外，路环街坊四庙慈善会亦于农历四月初八日那天举办神功戏庆祝宝诞，同时借此机会来筹募经费、推广会务。该会在1994年起连续三年礼聘了香港“福升粤剧团”来演出粤剧，并于四月初七日晚举行揭幕响锣仪式，其后一连五天在谭公庙前演出粤剧以娱观众，每天都会吸引数以百计的爱好者前来观赏。

昔日渔村韵味

时间在走，路环在变，唯一不变的是那绵延的海岸线。不变的海岸线却又在告诉我们路环的变迁。在堤坝和石基外，是路环向大海的填海延伸地带。以前的渔民们会在海滩上“弹船”，即木船每年都要清洗船底的污垢，并刷上木油。如果船身保养良好，每年就只需“弹”一次船。

50年前，航行的都是帆船，没有马达，每次出航却有丰富的渔获，渔船朝出夕归。9月、10月，叫作“禾花”季节，捕不完的鱼，船也载不下。后来的渔船换上了更大的风帆，扬帆到更远的大海捕鱼，再后来就转变为机动式的渔船。

落花逐流水般，路环的小渔村韵味也随之而去。所有渔船都去澳门跟香港，大部分去香港，因为香港那边的市场比较大，海鲜价格比澳门贵。

很多澳门人会误认为造船业的基地在路环，其实船厂是从澳门林茂塘区搬过来的。因为那个区需要发展，船厂才移到路环，所以路环造船业起步比较晚，且发展也比较迟缓；但在60至80年代间，船厂也曾盛极一时。

路环的居民中，华人占大多数，葡人大多都在澳门做文职或者政府工作，很少会居住在路环。以前也会有一些嚤啰兵（印度士兵）跟黑人驻守，他们穿黑色的制服。黑人士兵最多只能配一支警棍，白人士兵就能配上一把枪。

警察局很晚才有的，在此之前有一个办事处，专责处理当地的事务，俗称之为“衙门”。位于现在银行的位置，“衙门”内只有一个“老更”跟一个“官”，“老更”负责看守大门，还负责引见那些求见官员的人。居民跟官员的办公桌必须保持一段颇长的距离，官员也没有规定的官服，一般就穿着民装。打更佬只负责打五更，其实天也就亮了，他也不会很大声地敲锣。还有仵作，那时由政府出资聘请来负责街头的收尸工作，当然，工资很低，且不属于政府机构。

这些在50年代也都没有了。

采石业是路环的另一个已经式微的行业。在60年代，只要你拥有采石的专业技能，便可以到海岛市政厅申请开采山石。采石业是一个相对独立的行业，很早就已经存在，由于爆破所用的炸药具有一定的危险性，所以办采石厂需要经由政府审批。

另一个与此息息相关的行业是山石的加工业，它的发展比采石业更为成熟。石头加工业比采石业发达，主要依照买方的要求，将石块打磨成不同形状，小石块的用途很广泛且需求量很大，铺路及砌石屋等，都离不开石头加工业。

在六七十年代，还有许多居民在家里进行一些手工生产来帮补家计。例如居民从氹仔爆竹厂接收一些鞭炮的半成品回家加工，或到工厂拿一些胶花部件在家里缝合。

姑娘堂以前有一个制衣工厂，从澳门运载布料跟冷线（毛线）到路环，制作成衣，现在五十来岁的妇女都曾在那里工作，除了能领薪水外，还学会了如何缝衣服或织冷衫（毛衣、毛衫）等，可谓一举两得。

路氹连贯公路路口之石矿场（约1965年），摘自李玉田《李玉田摄影集·濠镜写真六十载》（澳门综艺摄影会，1998年），第87页

一点期望

多年来澳门政府对路环所给予的重视一直不够，路环只能任由时光雕刻，却不知何去何从。在现代化高度发展的今天，路环一些有见识的居民，一直希望路环成为澳门的一个自然风光旅游胜地。其实现在大家都认识到，路环具有很多优厚的旅游资源。岸边的棚屋是过往渔港的标志，政府应好好保留，并把它变成旅游的景点。古旧的石屋还保留着原始的风格，很多地方还未被开发。

我相信不久的将来，路环有潜力成为一个有魅力的旅游度假胜地。

荔枝碗“船”说

黄业成 口述

李璟琳 整理

说起路环，人们会想到渔船，尽管路环并非造船的最早基地；提到路环的造船业，眼前浮现的就是路环的荔枝碗。在路环的发展历程中，造船业是很浓重的一笔，因此，有必要了解一下荔枝碗。

学徒生涯

我叫黄业成，出生于1936年。那时，大部分澳门居民都没有能力支付读书的费用，于是就教导孩子要有一技傍身，以便日后到社会工作。我也不例外，由于我的叔叔是开船厂的，我便跟随他学习造船技术。

那时澳门的造船业并不算兴旺，大部分的造船工人若开工三个月的话，接着便休息三个月，因为当时还没有太多人需要造船，大多是修理船只，3月和8月皆是旺季。

学徒一般会在船厂学师（学徒）三年，继续在此实习三年，然后才可以外出另谋工作。学师期间，学徒还要兼顾煮饭和打扫，而且没有薪金。通常，船厂在人手不够时，才会请学徒，并对他们说明学师的时间和实习的时间。

学成后，我曾到澳门半岛、香港两地的船厂工作，后因我叔叔年纪大了，无法继续经营船厂，我便回到路环荔枝碗，接手经营叔叔的船厂——新泰成船厂。

荔枝碗船业

从路环旧码头附近的一个水警站起步，沿着旁边的小路向前走，你会看见两旁已经全部荒废的厂房和店铺，还有数条流浪狗在荒凉的厂房中穿梭。船厂虽然现在这样颓败，却经历过一段光辉岁月。

如今废弃的路环旧船厂

造船业在中国已有千年的历史，在路环荔枝碗也有百多年的历史，而造船业正式在路环发展，则是从澳门林茂塘迁过来之后。20世纪60至80年代，由于船业的正式落户，以及这里的造船价格便宜等原因，这段时间是荔枝碗造船业的大发展期；1988年、1989年，是荔枝碗造船业最兴旺的时期，拥有十二三间船厂，整条街共有两三百个工人，还有随着船业而衍生的副业，如造钉和打铁的店铺。

再以后，油渣价格开始上升，内地更为低廉的造船成本的吸引，致使

如今废弃的路环旧船厂

荔枝碗的造船业江河日下，一直到今天被彻底废弃。但是像我们这样的造船老工人，依旧与造船有着难解之缘。

“船”说

过去造船就是指造木船，并且船分为旧式和新式，前者是指靠自然界的风来航行的船，后者指以机械为动力的船。澳门以前造旧式的船居多，而我的造船厂主要是造虾艇和帆船。荔枝碗的船厂原有造大船的，但后因海水不断下降，大部分的船厂皆转成以造艇为主。

另外，澳门的自然资源并不丰富，造船业的原材料大多是从外地运输过来的。船厂里所需的材料，大部分是从外国运来的，主要是由泰国入口，途径则是用大船运载木材到香港，再由香港转运到澳门。现在没有人出钱造船，所以也没有人再从外国订材料了。

造船比较常用的材料有山樟和杉木，每当木材被运到路环荔枝碗时，那儿的船厂都要劳烦木厂按照他们的要求来切木。因为澳门的造船厂规模比较小，厂房没有切木器材，所以造就了另一个行业——木厂，这种情况在港澳地区是非常普遍的。此外也有船厂会从内地购入木材，比如以前阳江的船厂和现时湾仔里的船厂，他们都是从广州订货的。内地的船厂和澳门不太一样的，内地每间船厂都配备自己的切木器材。

除了船的形制、木材的来源，熟手的造船技工亦是相当重要，因为造船是一项颇为危险的工作。虽然政府有时监管船厂的电线和员工工作时的安全保障，但事实上，在船厂里工作，根本没有安全可言。我在船厂里都是亲力亲为，你必须能爬、能跳。当时我们什么都没有，所有造船的工作都是靠双手和双脚。大家都是在手和脚上绑着绳子，绳子的另一端绑着船身，并且我们大家一起喊着“兮、兮、兮……”，拉纤一样将船拖出水。

当然，现在只需单击按钮，便万事大吉了。

还有一点非常特别的，是造船当中并没有图纸给技工作为依据。我们只需知道船家想要的船身的长和宽，便会替他们做，并且他们可以提出对新船的要求，如船里的间隔要怎样的。由于没有图则（即图纸），所以有很多事情都需要用脑来记着。例如造船，造起底吉是最重要的，又称为龙吉，如同一幢大厦的地基一样重要。后来我们采用纤维板来造船，因为纤维板比普通木材更为坚韧。当使用纤维板时，所需要的技术要求不同，因而我们也需要不断自我提升、摸索和研究。

一般情况下，造船厂都会以订单的先后次序来造船。无论大船或小船，每年船厂最多可造八只船，造小船需要用一个多月，而大船则需用两至三个月来完成。每当造完一艘新船时，就是大家举杯狂欢的时刻，东主都会大请员工一顿，以示鼓励。

船厂的生存，除了必备的硬件，还要有络绎不绝的订单来支撑。以前的订单大多来自内地和香港，虽然那时内地与香港均有造船厂，但是内地船厂所造出来的船质量较低，而香港的造船价格则相对较高，所以不少船家常到澳门造船。

在荔枝碗，船厂林立，若是船厂的口碑好且价格实惠，会有不少客人特意来光顾。我自己船厂的生意，都是我辛苦在外争取来的，因此造船质量和成本控制就非常重要。另外，过去船家并不会一次付清费用，他们会在订造渔船之前，商讨造船的价格，并决定在哪几段时期付款，如在造船的初段和中段先付部分的金额，等造船完成，付清剩下的金额。

造船工会和商会

澳门有两个船会，分别是造船工会和造船商会，前者为造船工人服务，后者则为船厂雇主服务。造船业的技工从一开始踏进这个行业，便是造船工会的会员，我跟随叔叔学习造船的时候，就成为造船工会的会员了。过去，船厂的雇主需要为员工交钱给造船工会，员工交10元，雇主便要交20元，作为员工退休后的保障。

造船业商会

另一方面，造船商会则是为了造船厂的行家能有一个地方聚会，分享造船的甘苦。每造起一艘新船时，船厂都要交会费给商会，按照船的大小，分别交澳门币1000元、1500元、2000元不等，商会还会在节日期间举办一些聚餐。

我曾经当过造船商会的理事长，政府并没有对我们造船商会提供过任何资助，商会的大多会费，都是靠船厂造船来支持的。

我在两个会都是会员，由于工会不为同时是两会的会员办福利，而过去的澳葡政府还没有为市民提供退休保障，所以我到现在都无法享受工会和政府的福利。

工会和商会曾经发生过一次摩擦。那是在上世纪80年代的某段时间，工会想提升造船员工的工资，并且要求无论员工能干与否，都要同等对待。于商会方面，作为雇主，总是想请一位能干的员工，工会的条件无论是理论上还是现实里，都不可能接受，这是一件对雇主和雇员都不公平的事情。

当时商会是非常反对的，由于工会的会费向来是雇主们从员工的日薪中扣除五毫，交给工会作为会费，为了对工会进行抗议，商会决定不代工会收取会费，而由员工直接向工会交会费。

后来工会无法收齐会费，因为有些员工少交或者不交。这是商会与工会间最大的一次摩擦。

“拜船头”

每一个行业都有自己的传统习俗，造船业也不例外。每当新船造好，我们就要择一个吉祥的日子来拜船头：在船上放一条长木，并用一条长长的红丝带系着，到了良辰吉时，便要进行拜神仪式。

渔民出海之前，也需要选一个吉祥日子在船上拜神，以保安全。

我自己也是一个迷信的人。我曾经在造船的过程中，从船上掉进水里，在水里被木条刺到腰间。我以为到中药店喝上一碗补茶就会没事了，但后来我回到家中，发现全身动也不能动，幸好被家人发现，及时送我到一个相熟的中医师那里急救，最后没事了。那时我就感到好像有一位神灵在庇护我。

惨淡现况

早在十多年前，油价上涨，渔民出海成本增加，而渔获又不足，更令渔民生活惨淡。渔民没有多余的钱用于造新船，只能是一艘旧船反复修补，直到废弃。就像蝴蝶效应，造船业的生意也是“近黄昏”了。

我的新泰成船厂已停工十多年了。现在渔民最多只是为船身维修及翻新，才会找船厂帮忙，而船家们想造船的话，也会返回内地，因内地造船的价格比澳门低，质量也提高了不少，而且他们可顺道买船牌，十分方便。

事实上，澳门的船厂也不可能单靠翻新及维修船只来维持经营的，因此路环荔枝碗的船厂相继倒闭。我曾想改变船厂的用途，但政府不允许，所以我的船厂空置到如今。

我现在既没有船厂，也没有政府的退休保障，只有徘徊在这冷清的荔枝碗上，回忆我和船所结下的不解之缘。

路环倒闭的船厂

路环倒闭的船厂

今日荔枝碗，命运牵人心

1.2016年4月16日《澳门日报》报道：

荔枝碗三旧船厂文化局接管　冀保持原真性呈现过往造船业情况

政府目前收回三间荔枝碗旧船厂，并计划率先活化。文化局局长吴卫鸣预料今年内将完成交接，由文化局接手管理。坦言船厂范围较大，将首要考虑安全问题，再构思如何再利用，强调会想方设法善用已收回的资源。

2.2016年5月27日《澳门日报》报道：

海事局讯：路环荔枝碗部分地段的船厂失修越趋严重，存在极大的安全问题。为此，特区政府昨日围封严重失修的船厂，以保障安全。

3.2017年3月28日《澳门日报》报道：

海事局：荔枝碗11船厂将清拆

海事及水务局局长黄穗文回复议员李静仪关于荔枝碗船厂的书面质询时表示，荔枝碗十一个地段的船厂设施失修十分严重，随时有塌陷危险，政府将于短期内清拆，以确保公共安全。

4.2017年3月29日《澳门日报》报道：

余下船厂暂停清拆不影响区域规划　文化局启动荔枝碗文评

路环荔枝碗船厂去留峰回路转。文化局局长梁晓鸣昨日宣布，将启动荔枝碗船厂片区文物评定程序，料在下月新一届文遗会讨论，听取委员意见，并通知各船厂业权人。由于船厂片区待评，要求权限部门立即停止清拆。按照惯例，今年内会有评定结果。

5.2017年3月30日《澳门日报》报道：

加快文评程序解决争辩　荔枝碗定位活化休闲

路环荔枝碗旧船厂拆二剩九，文化局紧急宣布启动文评，实时暂停清拆。社会文化司司长谭俊荣昨表示，荔枝碗旧船厂是华南地区最大造船工业遗址，认为可以活化及优化，成为休闲好去处，透过规划让当地居民生活更好。

荔枝碗·热咖啡

梁金汉 口述
冼嘉宜 整理

路环，一直都有着“澳门后花园”的美称。那里，有着一份国际都市中难觅的清新、静幽。梁金汉，在昔日船厂林立的路环荔枝碗，从船工到咖啡店长的他，亲眼见证了路环三十年来的变化。

美丽而不耀眼的新天地

我叫梁金汉，1956年出生于广东中山。我的父辈是从事渔业的，我小时候也会出海捕虾，然后偷偷拿到市场去变卖，换取粮食，因为那时不是市场经济，是不允许私自买卖的。

我童年的时候，家里生活环境很困难，我曾当过书童，每天跟随别人到学校去，别人进教室上课，我却只能站在门口。最艰难的时期，我没有书本也没有玩具。

1972年，我和父亲坐船出海，寻找另一片传闻中的新天地。最后，我们在一个小码头登岸，就这样，我们来到了一个不起眼的小岛——路环，在这里开始了全新的生活。

我刚登陆路环时，这个小岛给我一种很纯朴的感觉。在这个悠闲的小村庄里，虽然生活过得不富裕，但居民闲适自得，悠游快乐。这里四面环海，渔船川流不息，渔业、咸鱼业、造船业等应运而生。一个美丽而不耀眼的新天地，成了我们新的家园。

船厂杂忆

来到路环，我选择了当时极为红火的行业——造船业，作为我的生活目标。

以前，路环的船厂并没有搭棚架，而是空心的，外表不像一间工厂。那时候路环的供电网络也相当有限，只有一个地方——现在商业银行旁的一个电灯站供电，电灯站只是给予船厂有限度的电力供应，一般住户则既没有水也没有电。

我当时在胜利船厂拜师学艺，所谓拜师，其实是船厂人手不够时对外招人，新进人员自己去观摩学习。倘若你资质聪颖，学习速度会比较快。你学习了几年以后，再工作几年，基本上整艘船的每个工序都会做了。倘若跟随着一个好师傅，他时常教授，自然学得更快，但有时候那些下栏（杂活）的东西便要全都替师傅做了。

学徒时期非常辛苦，那时我一天的工资大约五毫，连买一支铅笔也不够，根本不足以应付生活，几乎每天都要挨饿。我每天早上起床，早餐也没钱买来吃，只能等到中午吃饭，当时船厂是提供午饭的。有时候要替师傅收拾东西，时间晚了，连午饭都会错过。

如今的胜利船厂

在船厂工作是要看资历的，我初入行时，上面有几位师兄，那么平时作业中的下栏工作，即收拾琐碎的事，全都由我一人完成。有时造某个部件是有利可分的，但身为师弟，我没有分享的权利。

后来，我师兄学满师后，我当上别人的师兄，就要求所有下栏工序的工资大家一起分享。

那时候制造一艘船，要根据这间船厂的固定师傅人数，通常只会聘请十多人造一艘船。船厂的船一般不是卖给渔民的。假如某个渔民要造一艘新船，他需要亲自光顾船厂，选择采用什么规格和材料——材料不同价格不一，价钱商议好之后，渔民要交付订金。

当时，大约花上几十万就可以造一艘新船了，而现在至少要一百万。

我在路环居住了几十年，只加入了一个会——造船工会。当时只要我们学满师，就会从造船工会得到一个会员证，相当于毕业证，算是学满师，可以出师了。

与死神三次擦身而过

现今澳门的劳工法例，都有明文规定技术性工人的工作安全守则，以保障他们的生命安全，还有工伤保险等措施。但那时我们在船厂工作时，是没有安全可言的。我任职船厂技术员时，曾经有过三次工作意外。

有一天，我们几个师兄弟给一艘船上牌。那艘船打了车叶，我只好潜到船底下，亲手去解开这个车叶，结果车叶在水下把我的手夹住了，我困在水底下动弹不得，如果几秒之内不能解开，我就铁定没命了。情急之下，我用脚顶着船底的龙骨，奋力一冲，冲出了水面。我现在回想起来都有点后怕。

第二次意外是“断牌阵”。所谓“断牌阵”，即船只太重，用作承托船只的船棚因负荷过重而断掉，一瞬间整只船便塌下来。那一次真的相当危险，幸好所有师兄弟都来得及四散跑开。我们造船时，从船上掉下来或受伤等状况，都是多不胜数的，那个时候还未有保险，工伤都是没有赔偿的。

第三次发生意外时，幸运之神终于没有来得及眷顾我了。那是1986

年，我已经称得上是师傅了，一时大意，我被电锯切断了手肘。虽然当时路环已有卫生局，但由于伤势太严重，卫生局都不受理，要我直接前往镜湖医院。我在镜湖医院治疗了两个月，医生说，因为我断了大动脉、血管、神经和肌腱，劝我将手肘截掉，但我始终没有听从。镜湖医院最后还是帮我把手保存下来，但是手部丧失神经并萎缩了。后来我辗转到广州治病，通过神经移植手术、长时间的治疗以及在家练习功夫，我的手奇迹般地康复了。我坚信人的坚持是相当重要的，要不是我坚持不放弃，也许我今天只能是一个“独臂侠”。

我家里有一个木桩，就像武侠电影里用来练武功的那种，是我用来锻炼手肘的法宝。我康复出院在家休养这段时间，我每天都坚持锻炼双手，所以我的手才可以像今天这样灵活自如。奇迹，源于坚信，见于努力。

桃花源中咖啡店

我的手康复后，再次从事造船业。一年后，我就开设了一间小小的咖啡店。

一棵大树，一顶帐篷，几张木台，数把木椅，外加一个小火炉，还有来回摇曳的绿色，就成了我的咖啡室的基本构造。

这里所有的台和椅都是我自己制作的，帐篷也是自己搭起的。烧柴炉，是现在整个路环唯一的火炉。原因是石油气价格昂贵，而在路环，更容易取得柴火，比起使用石油气要便利、便宜和环保，并且，柴火烧出来的水带有一股木柴的气息，别有一番滋味，就连烧出的菜都格外好吃。

为了获取适合冲制咖啡的甘甜水质，我更是费尽力气去寻得一眼好井。我这里是渔岛上的咖啡店，绿色无污染。别看这个咖啡店不大，光是帐篷、年纳税就要两千多元，所有东西加起来要缴纳七八千元的税款呢。

现在我每天早上把炉火点燃，烧上甘甜的井水，沸水里充盈着咖啡的香味，直到晚上，才会将火炉熄灭。

在这个偏僻的地方开业，顾客多以附近居民为主，也有旅客慕名而至。我这里没有舒适的冷气，却有一地的绿荫。一杯香滑的咖啡，一碟可口的中式甜点，鸟语花香，海风送爽，好似闹市中的桃花源。

路环后花园的未来

今天的路环一片萧瑟。2007年起，荔枝碗的所有船厂都已停止了运作，沿路所见的船厂，都是木材遍地，了无人烟。

我来到澳门后的第一份工作，就是做造船工，我家也一直居住在船厂旁边。面对今天的景象，我只希望路环可以保持现状，该重建的旧屋可以得到重建机会。

曾经有过的造船文化，如果船厂可以保留，那就最好，要是不能保留，必须发展其他行业，那也是社会进步的必然。

荔枝碗停止运作的船厂

早年路环渔港

我自己出身于这一行业，没有了这个行业，我当然感到可惜，但总体而言，适合荔枝碗，适合路环，又不阻碍原居民的利益，这样的发展规划，就是最好的方案了。

我在澳门的后花园居住了半辈子，很少到澳门半岛走走。那里是一块陌生的地方。虽然我们这里没有现代化的尖端设备，但若是习惯了这里的淡泊和宁静，你不会愿意离开这个后花园。

每年农历六月十三日是鲁班先师诞，我们造船工会会集聚过往的一班工友，举行聚餐和会庆活动，这也许是如今冷清的荔枝碗里唯一热闹的日子。

一间空旷的船厂成了路环特有的景色，也是我们一班工友集体回忆的地方。

最后的杂货店

黄智州 口述

黄婷婷
陈达尧 整理

半个世纪以前，路环市中心非常繁荣，人山人海，店铺林立，衣食住行应有尽有，不论你想买什么，都能在路环的杂货店内找到。对于路环而言，可以说是“兴也渔业，衰也渔业”。过往，渔业带旺了路环周边行业的发展，也带来了大量的人口和劳动力，路环的杂货业也曾有过一段辉煌时期。随着渔业渐渐地从路环迁向澳门的内港一带，杂货业也随之寂寂无声了。

今天，路环的杂货店仅余数间，“黄南成杂货店”便是其中的一间幸存者。

黄南成杂货店

客商街的杂货店

我家的这间“黄南成杂货店”差不多上百年了。据上一代的老板娘冯丽华婆婆说，这间杂货店是由她的丈夫结婚前开办的，一直孤身经营，她的丈夫与她结婚后，夫妇俩一起努力经营。苦苦打拼数十载，却抗不过式微的命运。

杂货店，在港澳地区又称作“士多”或“办馆”，顾名思义，杂货店里有各种各样顾客需要的货品。杂货店除了是一种小本经营的零售商店，还有一项特色——饲养猫。猫儿起着保护货物免受老鼠等侵袭的作用。

上世纪八九十年代的港澳地区，杂货店非常流行。随着超级市场和便利店的兴起，杂货店慢慢退出市场，步向式微。如今的澳门，杂货店已买少见少，还在经营的，都是一些扛过了种种冲击的老字号，称得上“传统行业”。

黄南成杂货店坚持到现在，自然也可以说是“老字号”了。我们店位于客商街的中部，是路环市中心现在仅存的几家杂货店之一。我周围的店铺多已闲置，能拆的已拆，不能拆的就保持原状，等待业权问题的解决。

我们的杂货店开办至今，所卖的货物与昔日无异，“麻雀虽小、五脏俱全”，包括一些零食、饮品、腌制类食品或小量文具，还有一些干货，“开门七件事”的柴米油盐酱醋茶、罐头或已包装好的日用品。过节时会销售应节货物，如新年时会卖礼饼等。

我们的顾客大多数是老街坊、熟客，我跟老顾客们感情很好，熟知他们的喜好。

以前我们的顾客以渔民、水上人和街坊为主，当时路环人口很旺。丁旺，自然财旺！自从原居民、渔民和水上人陆续向外迁移，杂货店慢慢就门可罗雀。虽然还有一些留在路环居住的市民，但我们的生意十分清淡，难以为继。

“有丁才旺财”，对于一个人口稀少的地方而言，关键是固定人口，而不是那些匆匆过客的流动人口。比如，现在每天来观光的旅客多不胜数，但是他们只是到安德鲁买蛋挞或者在周围拍拍照、逛一逛。对于客商街而言，他们只是匆匆过客。

再比如，当地的食肆主要以地盘工人、警察和白领等为服务对象，东西卖完了便会“关门休息”，因为食肆不能预计每天的客流量，旅客的流动性太大了，所以旅客对当地的食肆生意影响也不大，唯一受惠的可能就是安德鲁的三间店铺了。

以前我自己经营杂货店是很积极的，顾客若找不到想要的货品，我都会到其他杂货店中寻觅，满足顾客的需求。就是经营艰难时期，我也从未退缩放弃，从来都是乐观面对。现在不行喽！有时人家想买的东西我却没有，我卖的却没人买，货品动不动就过期了。

因为少人问津，我都不敢轻易入货。我们的货物是从澳门半岛运过来的，但现在开往路环的货车都变少了，我常常要亲自把货物运过路环来。

因为生意冷清，黄南成杂货店的营业时间也变得不确定，我自己睡醒时便会开铺。

杂货店之外

以前路环的经济以渔业为主，还有造船业、种植业和畜牧业，每逢渔民胜利归来，整个路环的市中心都会热闹非凡，甚至连横琴岛、澳门半岛和氹仔岛那边的居民也会来光顾。我记得60年代时，整条客商街和码头一带人来人往，热闹非凡。到了70年代，渔业曾经沉寂了一段时间，但后来

路环的羊群（1936年），摘自《氹仔路环》（海岛市政厅，1998年），第113页

路环农场（20世纪70年代），摘自《昔日路氹——澳门海岛图片集》（海岛市政厅、澳门历史学会，1994年），第90页

内地改革开放，路环的渔业再度兴起。90年代中期，随着路环人口外移和附近一带渔获减少，路环的渔业渐渐衰落，渔民都搬去澳门内港一带，现在甚至连路环市政街市都没有卖鱼的了！

那时来往澳氹和横琴的交通工具以船舶为主。以前来往澳氹的船大约一至两小时一班，从早上约5时至晚上10时都有班次，但每逢码头附近水干时，船舶便不能靠岸，往往要等很久才能上路环码头。船舶由路环出发，经氹仔码头再到澳门内港码头，需要大约一个小时，之后再从内港经氹仔码头回到路环市中心的码头。从路环市中心过横琴岛的船叫“水上的士”，因为路、横两岸相隔不远，且河床偏低，大船是过不了的，只能靠“水上的士”这种轻快的小舟。

横琴，是内地和路环的一个中间站，在内地改革开放的高峰期，内地人购买的电视机、录音机等很多都是横琴人从路环购买之后转售过去的。因此，路环和横琴来往十分频繁。

路环市中心曾发生过四次大规模的火灾，我印象比较深刻的是近年荔枝碗造船厂发生的火灾，因为那天是国庆节。消防员很快将火扑灭，但可惜的是造船厂一带和旁边的民房已烧得瓦破壁残，能修葺的便继续用下去，不能的便空置起来。

还有一次火灾，发生在安德鲁咖啡店对面的艇仔木屋，大约是90年代，那时适逢立法会选举，议员们都踊跃参与火灾后的重建工作，所以很快就把艇仔木屋区筹建起来。其他几次火灾就没有这次的幸运了，被烧的房屋都是居民自己修补、重建的。

路环直至现在还有很多社团，如各业工会、居民联谊会、信义福利会、街坊四庙慈善会、妇女会、老人中心、天主教教会和基督教教会等等。他们常常会为路环的长者举办一些联谊活动，如旅行、聚餐、郊游等，有时甚至举办卡拉OK。以前路环的小朋友常常到这些社团开设的康乐室里玩耍，一些小朋友还会到十月初五马路那一带的海湾处放纸鸢。

路环市中心的人口已变得很少，社团即使在特别的日子里，也不会有什么特别的活动，所举办的节日庆典都与澳门半岛那边的无异，还有一些节日就只有老一辈的路环人出席。

现今很多老一辈的原居民生活都过得无忧无虑，平时常常相约于艇仔屋一带的休闲区畅谈一番。但也有一些婆婆，虽然她们很多已经儿孙满堂，却因为以前养成的行乞习惯，会到安德鲁等旅客集中的地方行乞。那仅仅是个习惯问题，留在路环的居民，生活都是可以自给自足的。

希望修建经济房屋

澳门半岛和氹仔岛那边的楼宇太过昂贵，在我们路环，应从经济房屋和公屋着手，以低廉的房价来吸引市民移住路环市中心。

但在路环市中心兴建房屋并非易事，首先要解决地契和屋契的问题，而这些属于历史遗留问题。老一辈的路环居民搬进来时，并没有办理有关的法律手续，所以很多业主都没有屋契或地契，有些较幸运的业主只有俗称为“纱纸契”的屋契，但一些纱纸契持有人的子孙，甚至连纱纸契都弄丢了。还有一些没有纱纸契的居民缺乏公德，胡乱认地，令纱纸契的问题越来越复杂，现在的特区政府干脆不承认纱纸契了。

现在一些业主虽然住在那里，但却没有对该物业的决策权，有时想修葺楼宇，也不被政府批准，一些房屋破烂的业主唯有搬迁至澳、氹那里居住，这样则导致房屋无人打理而滋生蚊虫、变成危楼。这就是为什么路环会有那么多的空屋和烂屋的原因，也是路环原居民外移的一个主因。

所以，我们这些路环老居民认为，路环重振时首要该解决的，就是房屋问题，这是制约路环发展的瓶颈！

萧条街市

何去何从

随着居民不断外移，路环的杂货业已很难继续，现存的几间杂货店的店主都已经年纪老迈，随时都可能结束营业。若日后我自己的儿子不接手经营的话，我便会把杂货店关张。但是日后政府真正重新发展路环，能够拨一些资金帮助像我们这样的小企业的话，我还会努力经营下去，重新振兴杂货店，让这样的百年老店的历史风貌得以保存和延续。

何去何从，这些已过百年的杂货店！路环，何去何从！这是个美丽的地方，是个有潜力的地方，也许这里沉寂得太久了，太缺少关注，在迷茫时，最需要的是一个方向和规划。

做自己喜欢的事

黄耀东 口述

洪丽春 整理

路环，这个小小的渔村，每天都在编织着一个个不同的故事，故事里的人们除了一段人生的沧桑，内心无不坚守着一片淡泊的天地。黄耀东乐观、淡泊，不为繁华所羁绊，做自己想做的事情，这是一个路环人的追求。

做自己喜欢的事

我叫黄耀东，1942年出生在路环，爸爸妈妈是从中山过来的，家里有九个兄弟姐妹，我是老大。我的父亲是一位“发官”，即理发师。工资不高，还要养活九个小孩，因此我们家生活很艰难。我十多岁就丢下书包讨生活，看尽了人生百态，当时我只是13岁，却经历过很多事情，还会看不透生活吗？但是，一家人能够在一起比什么都重要。

年轻时，我做过很多职业，曾经有一段时间，我在草堆街卖布，那时候草堆街集中了所有的布贩，你想买什么布，草堆街都有的卖。但卖布并不是我最喜欢的工作，只是当时环境不好，找一份工作还需要人来担保。我们以前都是人求事，哪像现在是事求人，不能不感叹现在的青年人实在幸福极了。

后来我还做过“发官”。当时我只有二十多岁，对未来充满抱负，我自己灵机一动，想到了开设茶座，并提供烧烤、小食、啤酒等。从此，这个想法就一直徘徊在我心头。我结婚后第二年，即1971年，跟我太太商讨这个开业大计，太太一口便答应了。但我心里仍有点顾虑，因为当时澳门经济处于低迷的时期，加上开茶座是件很劳累的工作。但得到妻子的支持，我终于如愿地开设了茶座，现在回想起来，我太太自然是功不可没的。

创业艰难

当时我拿着三千元，买了煮食工具，还有一个用来放汽水的小冰箱，

开往路氹的船（20世纪60年代），摘自《昔日路氹——澳门海岛图片集》（海岛市政厅、澳门历史学会，1994年），第49页

一个风箱，用木板搭上一个简易的棚，就可以开摊了。那时的小店规模虽然不能和现在比，却让我开始从事自己喜欢的工作了。

那时通往路环的主要交通工具就是船只，顾客都是坐船而来，主要是渔民和农民。我刚开始经营时，路环本地人还没有开始外迁，会经常光顾，因此生意还不错，收入尚足够养活一家老小。

后来路氹大桥落成，刚开始，我以为通桥后生意会更好，因为来路环变得方便起来，没想到生意反而差了，因为很多路环居民外出，却少见澳氹的居民来光顾，即使他们来路环也是出于好奇心，再加上路环的路比较狭窄，他们一般只是开车来兜一圈就离开了。另外，餐厅刚刚起步，规模比较小，食物种类也不多，单一的烧烤食品根本不足以吸引更多顾客；当时过桥还要收费，一程要五元，来回就是十元，在种种不利的因素影响下，我的生意下跌了很多。

虽然如此，我从未想过放弃。我跟随着客人的要求一直在变、努力在改。当时我一天只能赚二十多元，根本不足以支付开支。为了维持生计，继续经营，我决定做兼职来贴补餐厅的费用。那时我白天出去工作，晚上和妻子一起继续做生意。我送过火水（煤油）、石油气、油渣等，在实明石油公司也做过，在那做了三年，工作十分辛苦。工闲时，我还要去买烧烤需要的食物，并回码头整理一番，如清洗、调味等，下班后抓紧时间赶回路环开摊做生意。

那时虽然很累，汗流浃背，可是真的很开心，因为在做自己喜欢的事情。

到我年龄已经35岁时，有了一个机会，我得到朋友的介绍，做了公务员，担任建筑物测量师的助手，工资一个月有一万多澳门币，有假期，福利又好。工作了几年，遇上澳门地产业低迷期，我们没有什么事情做，不用外出测量建筑物，但依然可享受公务员的福利。

表面上看起来，这样是很好，可是我不这样想，我不甘心就这样一辈子。权衡再三，我辞去了这份安逸的工作，全职搞好我的茶餐厅。从那时开始，我便全心全意地一直经营茶餐厅至今，再也没有做过别的行业。

人生的态度

我将经营茶餐厅视为一种人生的态度。我很爱旅行，更爱在旅途中寻找各地的特色菜肴，我会花上很长的时间，只为研究一道菜式。记得有一次我去江门游玩，走进一家名叫“三辣馆”的餐厅，吃了一道叫“三辣蟹”的菜，我十分好奇，追问老板：“这道菜为什么叫三辣蟹呢？”老板热心回答说：“大辣、中辣和小辣，三种辣加起来，就叫作三辣蟹。”但是我认为所谓“三辣”，应该是指三种不同的辣，例如有咖喱辣、胡椒辣和辣椒辣三种。为了将这道菜做得更为干身（口感干、香）一点，我特地再去江门，几番探求，终于改进了这道菜，我还起了一个和自己一样幽默的菜名——卟卟攞蟹。

吃，不单单是填饱肚子的事情，而且是一种享受，一种人生应该有的享受。

我的性格比较乐观开朗，喜欢讲点笑话，来到我这个店的顾客，大家都是朋友，不管你是过客，还是熟客，都会感到宾至如归。

“与员工同心，与世界同步，与宾客同欢”，这是我店里的自勉格言。

绘声绘色话当年

餐厅

路环的街头“节目”

对比以前，路环的现在其实真的没有太大的改观，除了路面更整洁些，人口外迁问题和房屋破败问题都更严重了。高楼矗立的场面依然没有见到，许多街头的“节目”，那些经常在电影、电视剧里出现的场景，也看不见了。

昔日路环的街头节目，主要是卖武。他们除了表演杂技、武术外，也不忘推销自己的“产品”——药。每个星期都有澳门半岛的居民前来观看，那时还没有贯穿三岛的桥，他们只能坐船来。大家会集中在街头看卖武者表演杂技、尖枪顶喉、睡钉床、胸口碎大石、摸热铁链……每一个节目都精彩绝伦。

你们不要以为是骗人的，这不是表演魔术，是真人示范。卖武者当场用烧红的铁链放在身上，然后在身上擦上特效药，表演结束后，把特效药推销给观众……

除了这类表演外，路环各业工会亦邀请一些名人如董潮瑞、雷峰等来表演，有时还搭舞台表演“三句半”。当时唱神功戏很流行，每间庙宇都会唱神功戏，连黑沙大王庙也不例外。戏棚是用竹和葵叶搭建的。现在每年农历四月初八的谭公诞都还会唱神功戏，在四月初七开锣，为期四日五夜，一般都是聘请香港戏班来表演，是由路环街坊四庙慈善会负责的。

昔日谭公庙外四月初八时的节庆场面（摘自《路环街坊演戏理事会庆祝路环四八联欢日特刊》）

黑沙村大王庙

土生的路环教师

张灶好 口述

陈达尧 整理

以前，路环有多所学校和私塾，课程都是以小学为主，初中课程便要去澳门半岛的学校继续完成，所以路环的学生不断流失，再加上当地居民不断外迁，人口出生率低，令学校的收生人数日趋紧张，外地人更不会搬入路环，因此路环市中心的多所学校都相继停止了办学。

张灶好是土生土长的路环人，是疍家渔民的后代，1987年至2004年期间在圣母圣心学校任教，当了十七年的教师。

圣母圣心学校历史

我叫张灶好，是一名教师。

讲到路环的教育，不能不说到我任教的学校，路环历史悠久的学校之一——路环圣母圣心学校。它自创办到现在已超过百年，为适应路环的变化经历了多次的改革和变迁，但最终也敌不过现实环境而停办，成为路环教育历程的一个历史标本。

以下是一些历史资料。首先要回溯到路环圣方济各教堂。早在1873年，嘉诺撒仁爱修会的修女们在澳门定居，她们收留了一些女孤儿，而神父收养了一些男孤儿。为了让这些贫苦儿童接受教育，了解教义，嘉诺撒

圣母圣心学校（2003年）

阿娜斯修女便于1903年在现在的路环圣方济各教堂处，建立了一座简陋的小平房办教育，后来还收留一些寄宿的学生。

随着人数的增加和改善教学质量的需要，1928年，在该处建立了一间学校。之后，寄宿的学生又开始变少，修女负责的女孤儿院便与神父的男孤儿院合并，之后形成了圣母圣心学校，所以说圣母圣心的前身是孤儿院。

圣方济各教堂

圣方济各教堂办公室门口

当时为了纪念远东传教士圣方济各·沙勿略，教士们于20世纪50年代时在该处筹建了圣方济各教堂，所以一班学生就要迁往别处。这样，嘉诺撒仁爱修会的一班修女们就在路环罗渣花园处（即现在的飞鹰训练基地）创办了路环圣母圣心学校。

于1952年创办的路环圣母圣心学校，是嘉诺撒仁爱修会在澳的其中一所学校，属于公共学校网络成员，而非牟利的私立学校，一直以来都是提供学前、小学预备班及小学教育。

学校兴衰

成立之初，学校的条件很艰苦，教育器材也不多，我在那里任教的时候，课室和周围环境等都十分“古老”，课室是由一块块大石头堆建而成的，而现在飞鹰训练营里的学校旧址是经过美化的。

圣母圣心学校的办学宗旨是注重知识的传递，培养正确的价值观，使学生的“五育”得以均衡发展，成为社会未来的栋梁。

到了90年代，为了提高教学质量、与时俱进，校方准备扩充校舍，并且得到政府资助，新校舍于1992年9月落成启用，它与原幼儿园校舍相连，并设有礼堂、教室、图书馆、综艺室、计算机室、视听室等。

因为圣母圣心是澳门第一批重建的学校，政府下拨了很多资金，所以圣母圣心的设备很完善。比如，圣母圣心是澳门最早设有计算机室的学校。

虽然建了新的校舍，有了充足的空间和完善的设备，但学生的人数始终不多。圣母圣心的负责人也曾考虑增设初中部，但由于路环学生数量太少，他们的大学也必将在澳门完成，为了学生们能早点适应澳、氹那边的生活，学校否决了这个提议。

学校校长也换过多届，在任最久的是高斯士修女（Mother Mary），她后来转到澳门社工学院担任院长，现在在香港那边的老人院安享晚年。

圣母圣心学校的学生数量总的趋势是不断减少的，在1965年至1966年间，圣母圣心的学生总人数为240名，教师5名；*在1996年至1997年间，学生为292名，教师为22名；到2004年，一年级有4名同学，二年级有8名同学，其他年级的数十人，总人数约为80人，教职人员11至12名。

在80年代末，也就是我任教圣母圣心学校之初，适逢大批越南难民迁入路环，圣母圣心的学生人数随之增多，当时收生人数超过400名，是圣母圣心开办以来收生人数最多的时期。到1990年至1992年间，随着越南难民的迁出，学校的人数逐渐减少。

虽然教职员工苦苦经营，但到2004年，学校9个班的人数合计不到80人，迫于无奈，停止了办学。

---

* 摘自《澳门工商年鉴（一九六五至一九六六）》。此书出版信息已不可考。

教师生涯

单就任教而言，在路环任教与在澳门任教并没有什么分别。比较难忘的教育经历是教授越南学生的时候，最初他们言语不通，到后来慢慢习惯，最后与其他学生变得熟络，这可是一段很有趣的教育经历。

薪酬方面，我们基本上与澳门那边的教职人员一样，并且政府一直都很关注路环的教育情况，教职人员的薪酬大部分都是由教青局资助的，学费、杂费等都是按照教青局订立的最低收费标准收取的，这是因为路环的学生人数实在太少，所以学校很多时候都要靠政府和社团的资助。我自己初任教时月薪只有400元，1987年时提升至千元多，基本上每年都会慢慢调节薪酬，并且校方会给澳门来的教师一些津贴，最初车费津贴为每月100元，后来改用校巴接送老师，但最后津贴和校巴都没有了。

教青局也推荐学生来圣母圣心就读，但往往只有少数学生愿意。

圣母圣心学校停办以后，我来到澳门这边，继续在教育前线工作。我也会常常与以前圣母圣心的老师们叙旧，每年，一众教职员都会举办联谊会，学生们也会参与。

路环市中心的学校

我初来路环时，路环市中心只有两间学校：路环中葡学校和圣母圣心学校；若以全路环来说，则有四间学校，另外两间为雷明道中学和九澳圣若瑟学校。以前有一间居民学校，但70年代中期便停办了。70年代时还有男校和女校，以及之后政府在路环开设的明爱学校。以前路环还有本勤和惠娥这样的私塾学校。

路环中葡学校

九澳圣若瑟学校

本勤的创办人无从考究，据估计应该在60年代前已经停办；而惠娥的创办人则是蓝惠娥，在1961年至1962年，学生人数约为45名，1965年至1966年间的学生人数有65名，停办时间可能在70年代前。

居民学校是由路环的村民倡议设立的，为的是教育路环村民的子女，位于现在的路环图书馆处，但在70年代中期便停办了，而图书馆于1983年建成。

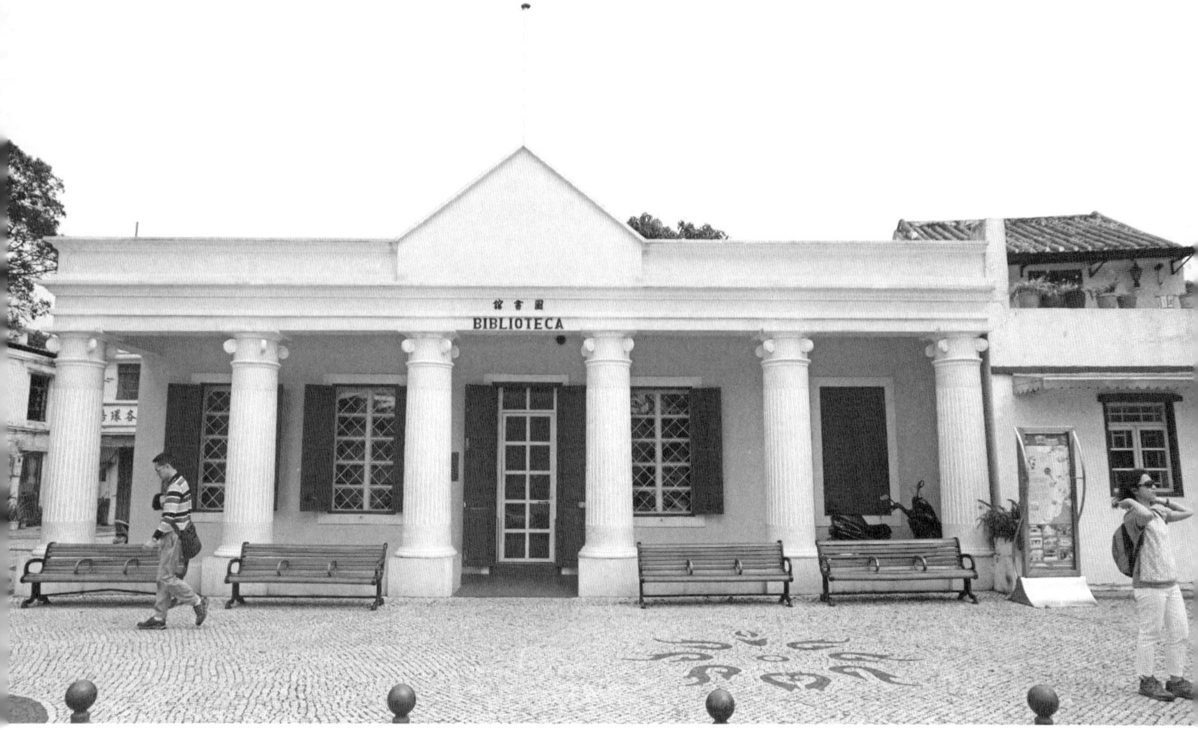

路环图书馆

男校和女校也曾办了一段时间，后来两间学校的收生人数不足，便合并起来，最终也于70年代中期因收生人数不足而停止办学。

明爱特殊学校，是澳门一所为智力缺陷儿童提供特殊教育的学校，目的是努力启发其潜能，协助家长接纳其子女，给予适当的教育。它以前的校舍设于澳门半岛，为了提供更加适宜的环境和活动空间，1996年迁往路环罗渣花园（打缆街15-16号）地下的现址。明爱学校设立学前及小学教育预备班3个，小学班5个，1996年时学生总人数为52名，教师为9名。

官立中葡学校是路环唯一一个官立学校，又名戴思乐司令学校，是路环历史最悠久的学校。1882年，身兼海岛行政委员主席及驻军司令的约瑟·高利亚·迪·林慕斯中尉（José Correia de Lemos）向澳门总督祖若坚·约瑟·迪·格西亚（Joaquim José da Graça）提交一份为路氹的贫苦儿童设立两间学校的建议书，并得到澳督的批准和热心人士的赞助。

官立中葡学校于1882年8月4日在十月初五马路谭公庙对面开设，最初只有五名家境贫寒的学生。1958年8月30日，官立中葡学校才正式注册、招生，并把校名定为戴思乐司令学校。最初以葡语为母语教授学生，六年学制，后因学生人数不足，1972年停办。1977年澳门政府决定重办，把原来的官立葡文学校改为官立中葡学校，以中文为第一教学语言，葡文为第二教学语言；1996年增设一班特殊教育班，学生总人数为175名，教师为12名，特殊班的学生大多数为澳门半岛的居民，他们每天都由校巴接送上下学。

今日中葡学校

现在的中葡学校只开办特殊班，因为以前有大部分的学生转入圣母圣心学校，导致中葡学校收生人数不足而停办小学。

市中心的配套设施

我一直认为，以前的路环，是一个宁静、简单、人情味十足的地方，而那种市中心的热闹，也是简单而有气氛的。在70年代，这里的渔业还十分兴旺，除了举办谭公诞外，还会举行龙舟比赛，一些节日和郊游的日子，都会吸引很多人来路环观光，教堂和圣母圣心学校也会举行一些天主教的活动。

随着路环人口越来越少，加之交通不便，酒店、饭店都比较少，很多活动慢慢都没有了，龙舟比赛也迁至西环湖举行。

热闹场面不再，虽然和人口的减少有很大关系，但路环的各种配套设施的不到位，也是一个很大的因素。比如交通配套设施一直以来都不够，巴士班次少，约三十分钟才有一班。有路才能通财，连交通都不便，又怎么会有人来路环呢？所以政府与巴士公司应该更加关注路环巴士服务的问题。

治安和消防设备尚能满足需求，但医疗设备有待改善。虽然有卫生中心，但晚上如有急诊，中心的医护人员是不能外出诊症的，所以路环市中心的诊所如同虚设，政府应该改善路环市中心的医疗条件。

同时，路环市中心的人口和出生率状况已不适合建立学校，教育问题有待寻找办法来解决。

与横琴岛可以共存

内地开放前，路环人路过横琴是不能随便上岸的。自从改革开放后，路环居民过横琴就方便多了。以前有两艘船来往澳、氹，过横琴主要靠“水上的士”或一些渔船，横琴岛的海产很丰富，且价廉物美，吸引很多路环人前往购买或在当地用餐。

现在路环人过横琴，要通过莲花大桥并且办理手续，但横琴人办了“行街纸”（一种手续）就可以很方便地来路环，但每天只能逗留至下午四五点便要乘船返回横琴，否则便要经莲花大桥回去。

总的来说，横琴与路环有很多相似的地方，两者联系向来十分密切，所以路环是可以与横琴共同发展的。

对市中心重整的愿望

我虽然已经搬出了路环，但我一直觉得路环是一个很舒适的地方，我常常回到路环。导致路环人口迁移的原因有三：渔业衰落，导致路环经济发展迟滞；就业机会少；房屋居住问题。

虽然路环市中心附近有个工业区，但并不能带旺路环市中心的经济，它的员工们都是以氹仔等地的居民为多，而非路环本地居民。若路环市中心重整，首先一定要解决土地房屋业权问题和交通问题，还有停车场、公园、医疗设备、码头、马路、沙滩等都要完善。

把西方的创意融入路环生活

Eileen Stow 口述

洪丽钦 谭嘉琪 整理

智慧带给人无限商机。1989年，安德鲁成功自创了一种混合葡式和英式风味的蛋挞，从他成功的那天起，一种叫作澳门式的蛋挞面世了。不知道是什么原因，澳门本地人喜欢把它叫作葡国蛋挞，真可惜，没有把它叫作“澳门蛋挞”，而这可能会让澳门在世界上更出名。

它是在澳门的一个小村庄发明的，它不是葡挞，它应该叫作澳门蛋挞。它是一个历史，澳门蛋挞成了澳门的标志。

安德鲁蛋挞

快乐的异国童年

我叫Eileen，我的哥哥是安德鲁（Andrew Stow）。很多人以为我们是葡国人，但是我们出生于伦敦，是不折不扣的英国人，而非大家认为的葡国人。

我的童年是一生都不会忘记的快乐时光。我们的家庭属于雇员阶层，简单而快乐。我爸爸是化学工程师，闲时喜欢亲身下田种菜，妈妈是歌剧演员，因此，我们常常会到剧院去，尤其是安德鲁，他特别钟情于那些表演。

安德鲁从小就想象力丰富，很多创作灵感都是从父亲那里获得的，而他那不怕害羞的刚强性格，则来自剧院表演的经验。此外，安德鲁非常喜欢烹饪，小时候就喜欢运用想象力来煮一些很好吃的东西。

我们有一个很简单、很温馨的家庭，同大多数中国人的家庭一样，我们也喜欢聚在一起吃饭、谈笑。我最深刻的童年记忆，就是家族中那一幕幕温暖场景。一家人住在一间很小的房子里，一起吃晚餐，当时我们家里还没有电视机，只有收音机相伴，这时很需要想象力，你要想象一下剧情是如何发展的，因为你只是在听。

我十一岁那年，班上很多同学家里已经开始有电视机了，只有我家仍然没有。当时老师问道："谁家里有电视机？"所有的手都举起来了，包括我。当然，现在回想起来，这没有什么大不了。

人，总爱这样，小时候希望自己快些长大，长大了就能做小时候不能做的事；但长大了，却希望返回孩提时代，做回那个淘气、不知天高地厚、整天缠着家人的孩子。现今很多家庭都没有这种日子了，我自己也很久没有与家人坐在一起，畅谈人生了。

安德鲁与我

我哥哥安德鲁很爱学习、很富有想象力；我们兄妹两个人似乎是很不一样的。安德鲁从小爱煮一些东西，我则爱吃；安德鲁很喜欢学习，并考上伦敦的理工大学；我是虽然算聪明而不爱学习的女孩，十六岁已经离开校园，拒绝再升学，然后开始工作。

其实我们有很多共同的地方。比如，我们两个人都不怎么爱运动，安德鲁虽然喜欢跑步，还跑过澳门的马拉松，但是他不喜欢竞技性的运动，而我对运动的喜欢仅仅限于步行。虽然不擅长运动，但我们两个人都对生活充满着热情，享受人生。

安德鲁和我的姐妹比较有学问，我比较有创造力。我画画、做衣服，我年轻时总是在做衣服，我是一个充满艺术感的人。我在伦敦做过音乐的会展管理、公关、展览方面的工作，还负责过伦敦有名的音乐盛会。

打造蛋挞世家

1979年，安德鲁来到澳门，在一家制药厂打工，当时药厂的产品销往中东市场。后来药厂要搬迁到美国，安德鲁并不想去美国，因为他很喜欢澳门。为了能继续留在澳门，他开始寻找其他生计。

1984年，安德鲁成立了一家生产健康食品的公司，当时的目的是为了满足澳门不断增长的社区居民的需求。为此，他学习了很多生意课程，也为以后经营蛋挞生意埋下了伏笔。与此同时，他也有其他生意，如在凯悦酒店开迪斯科舞厅和餐厅等。

在那段日子，对葡国人而言，他是唯一一个活跃在小区里的英国人。葡国人和他开玩笑，叫他作“Lord Stow”，从此他便成了开玩笑的对象。

后来他开了间面包店，把它命名为“Lord Stow面包店”，这样的话，本地葡国人就知道这间店是谁开的。

当时，他自然想不到安德鲁蛋挞店会闻名世界。

公司经营期间，他一直考虑：“我一直在进口健康食品，我进口了这么多面粉让人们去做面包，为什么我不做给他们吃呢？”

正是这样的想法，促使安德鲁开始了蛋挞之路。但如果仅仅做葡式蛋挞，那么在葡国就可以了，而且每天估计还可以卖出两百多个，所以，他要自创蛋挞。

安德鲁饼店

他创造了一种混合了葡式和英式风味的蛋挞，从他成功的那天起，一种叫作澳门式蛋挞的食品面世了，这一年是1989年。

蛋挞制作得很原汁原味，也很迎合当地人的口味，很快得到了市场的认可。那时候，恰赶上银行提供购车贷款，人们开始拥有自己的车，一到周末便会来路环观光，也会惠顾这家特色蛋挞店。为了满足顾客不同的购买量，安德鲁还特意设计了不同的盒子。很快，香港的时尚媒体也开始写一些关于安德鲁和他的蛋挞的报道，澳门蛋挞传奇就流行开来。

这种情况下，安德鲁改变了经营策略，他着手在各地开办分店，希望将自己的蛋挞推向世界。1997年，他在香港开设分店，香港立刻流行起了“葡挞热”。安德鲁的分店在香港旺角很成功。可是，香港很多饼店都开始卖自家的蛋挞，每一个角落都可以看到，却很少是正宗的“安德鲁蛋挞”，但这样严重损害安德鲁蛋挞的市场。于是，安德鲁蛋挞店在2000年撤出香港。

2006年，安德鲁蛋挞店重新进入香港市场，但只在一间酒店设有葡挞销售点，在香港，只有在那个地方，才可以买到正宗的安德鲁蛋挞。

安德鲁还在日本、韩国、泰国、菲律宾等地方开设分店。

澳门安德鲁饼店招牌

为了保证安德鲁蛋挞质量始终如一，安德鲁使用了保护菜谱的做法，因为如果每一个人都有一份做蛋挞的菜谱，每个人在自己的厨房做，那么做出来的东西都是不一样的。为此，他会去告诉分店负责人，他会定期抽样检查；而且会给他们一份产品菜单，里面有安德鲁的做饼技术，包括每一个步骤。

现在，安德鲁的店每天都能卖三千个蛋挞，因为顾客的需求很大。

安德鲁店铺顾客

安德鲁的店是家庭经营模式。从1993年起，我来到澳门，帮助安德鲁打理生意。我有超过15年的处理版权问题的丰富经验和知识，还有很丰富的生意管理经验，这些都是从伦敦带过来的。

我们兄妹携手，分工打理蛋挞店。我的工作范畴是负责文件、订货、广告，确保按时付款给供货商等等，另外，我也会去不同的分店跟进实际情况，亦会往伦敦引进新产品。例如初来澳门时，我引进了自制的柠檬水，至今销售情况很好，又如最新推出的法式曲奇饼，销售也很理想。

我们还改善了英式的比萨，这对老伦敦人来说很特别。它原先是冻的，而不是热的，通过加热来改变了它的整个构造。它里面有一个果冻，那果冻是冻的，当你把它放入口中，果冻会一点一点地融掉，你就会尝到另一种完全不同的口感，很奇妙！

这些食品的诞生，都源于安德鲁兄妹奇妙的创意。

很不幸，在2006年10月，安德鲁去世了。

我现在的工作很辛苦，尤其在澳门，物价在上涨，做任何事都很困难，但是我们仍然很享受我们的工作，即使安德鲁不在了，我们每个人也都很努力工作。

安德鲁兄妹和路环

1989年，安德鲁选择在宁静的路环开设首家饼店，因为昔日路环的租金很便宜，而且路环是一个很好的运货地方。

刚开始营业时，安德鲁只请了小村里的本地人，到了现在，我亦一直喜欢聘请大量的本地中国人，希望使来安德鲁饼店光顾的本地人感到舒

店内一景

服。直至1993年，饼店聘请了一个印度籍的员工。

后来为了配合路环近年旅游业的发展，饼店聘请了12位海外员工，包括英国、菲律宾、印度、印度尼西亚等不同国籍的员工。

想住进路环这个小村庄的人越来越多，在过去半年，很多旧屋都被拆掉重建，但很奇怪的是，那些被拆掉的屋子没有得到政府的许可。我很反对私自拆掉旧屋重建，因为这些旧屋是应该有相关措施来保护的。

我留意到这个小村庄很多商店都投资转营，不断有商店倒闭，因为老的一代都退下来了，新的都搬到了氹仔，所以很多家庭式的生意都没有人经营了，村庄变得很冷清。

我很期望这个因适应社会发展而改变的村庄能保留其纯朴的本质，亦建议将其发展成类似上海新天地一样的休闲区，有很多间充满艺术气氛的咖啡店，一班具有创意的人在一起创作艺术，而小区的商铺业主会提供较便宜的租金优惠地租给那些开设艺术店铺的人。

如果澳门特区政府也有类似这样的想法，那就太好了。因为在这四年里，只有我们在小区开设了两间新的咖啡店，除此以外，便没有其他新店铺了。当游客来到这里，他们看到的只有少数具有艺术性的商店及手信店。

对于路环近年的改变，我印象最深刻的，莫过于路环引进了新式的蔬菜，如生菜、萝卜、青椒等。因为当地需求多了，所以有了改善的动力。在这个区域生活的人以西方人为主，但竟然有间报纸店专卖中国日报和澳门日报，这确实令人感到惊讶，可能他们想增加对这里的了解。

我在路环这个小渔村住了十六年（截至访谈时的2008年），看到路环旧市的重要行业不断萎靡，尤其是捕渔业，回想起当时渔民教我如何观察水位、如何预测天气等，很是怀念。现在他们都移到中国内地去，真可惜。我对整个旧行业都在萎靡感到很伤心。

我年轻的时候，很喜欢驾车看海，但现在，看到的对岸却是不断兴建的大型赌场，整个艺术行业都在萎靡。

昔日路环旧市区亦住了一些葡国人，他们是路环发展重要的一部分，但葡国人对这村庄的贡献却很少，在这村庄，你不会发现有什么葡国庆典或活动。

我很喜欢路环的原居民，因为他们特别友善，他们会三五成群地坐在树荫下，谈论小区的大小事情，每个人都知道对方的事。有一班年长的女人在朗读协会朗读，看到这样，我感到很高兴。因为作为一个西方人，你来到这个地方，便要融入这个地方，这样才是真正的小区。

从容经营

对于蛋挞店的将来，我自己不会去制订推广计划，也不会做广告宣传，只想用心地从容经营。

安德鲁的蛋挞店，不是我的谋生方式，而是我的人生意义，我希望每一个来到这里光顾蛋挞店的游客都是慕名而来，满意而归。

我会用一份坚持、一份执着、一份乐观成就我的人生，也成就游客在路环跟我们的蛋挞的美丽邂逅！

话说路环渔家

张苏仔 口述

冼嘉宜 整理

路环，一个渔岛，曾经是许多水上人家的停泊之处。最盛时，岸边停泊着数以百计的渔船，渔获满满，熙熙攘攘，生活艰难而快乐。不过，那时的热闹已随着渔业的衰落而消失了。以前一直没到门前的海水，也因填海而远离，渔家的门前冷清了，热闹不见了，但是曾经的渔家往事却留在每一个渔民的心里。

铁皮屋里的生活

我叫张苏仔，1958年出生于澳门。我出生时，我的父母还在船上作业。我出生后不久，我们就定居于路环沿岸的铁皮屋内。现今我们于路环所见的那些锈迹斑斑、底柱满是蚝壳的铁皮屋，其中就有我的“祖屋”，都已有五十多年的历史了。

这些铁皮屋的前身都是渔船。过往未有船牌时，渔民将整只艇驶进来，靠屋的底柱架起整只船来清理船底，用两块大木架架起整艘船，还会买一些禾秆草来“探”船底。以前路环的十月初五马路，旁边有两间商铺，出租这些木材和禾秆草。那时渔民不是很懂历法，只能看着日历来猜测水位，靠潮退潮涨来将渔船上架，但更多的时候我们都是凭感觉，通过看天色来决定出海与否。渔民还会通过看水的颜色，还有浪和水流来决定是否能出海。我父母可能还懂得这门技艺，我这一代就不会了。

十月初五马路

我从记事起，我们家就已经在陆上居住了，那时家里主要从事“水上的士”的工作。所以我虽然算是渔民，但是并不会捕鱼，只不过在沿海的地方用鱼网捕蟹。

我的童年是一边读书一边帮忙工作，早上上学，下午放学后就帮家里工作，有时甚至不分白天黑夜。我很小就负责帮助父亲驾驶小船，那时沿海河床较浅，一些大船不能驶进港口，需要依靠小船送货卖鱼。我每一趟船大约可以运载十到二十箩的鱼。另外，我妈妈还在经营“水上的士”。“水上的士”是指渔获丰盛时，既可以运载货物，又可以运载人的小船。当时水上的士的薪酬是用渔获来计算的，路环有四五家人从事这个行业，每一家人都有固定的客源，只要看到客人的大船准备靠岸时，我们就驾小船出海接载他们的渔获，到岸以后他们就会给一些渔获作为报酬，每人都

棠记鱼铺

给几尾鱼，加起来就有一箩。接着我们就将得到的渔获交到鱼栏去。那个时候，路环沿岸满是渔船，非常壮观！

鱼栏，是路环的渔民和市场的一个中介。我曾在鱼栏工作，这里很多鱼栏都是没有名字的，从码头那里起，很正式、很有名气的鱼栏才有固定的名字，它们收到的渔获相对要多很多。那时有利记、棠记、合栈、英利、怡利、胜记……十间八间这样。

鱼栏收取渔获后，要先分类，不适合制作咸鱼的就放入桶内，然后从路环码头出发，运到香港市场去，或是运到街市上卖掉。这些鱼多数都运去香港。

当时路环还有一个冰厂，经营时间相当长久，在我出生时就已经存在了。冰厂兴旺时，会把冰运到码头，我们很多小孩会做搬冰的工作，然后将冰从码头搬上船，那艘船驶往澳门去，到达澳门以后再卖给船家。

后来，渔业在路环渐渐式微，我转行学造船，后来又到石矿厂工作。辗转反复，其实都是因为路环在慢慢地衰落。

不管是曾经繁荣，还是发展滞后，路环的居民却一直都是守望互助，热情淳朴的。我们各个家庭，以前和现在都可以夜不闭门，只要没有外来人就不怕的。我很怀念小时候和周围邻舍的孩子一起上山采摘野果的快乐，那时路环有很多龙眼树、黄皮树，现在少了很多。荔枝碗那些果树已经属于私人的了，而我们小时候，那些果树是可以任意采摘的。

游玩、嬉戏、无拘无束的时代毕竟过去了！

消失的景致

现在我们看看过去到今天的变化。昔日的铁皮屋，现今已成为安德鲁饼店和商业银行；名叫“天良堂”的药材店如今也不见了；山边的烂地成了球场；变化最大的要数那个冰厂，不再制冰了，成了人们的住宅区。昔日的崔元记也并不是一间固定的食店，而是流动铺位，崔元记历史相当悠久，很早就有自己的商铺，不过没有现在那么漂亮，以前主要售卖白粥和猪肠粉。往日大伙儿都将猪养在现今“居民大会堂”的位置，也有人在山边养猪。现在，每逢打风时节，居民都会搬到居民大会堂暂住。唯有那些铁皮屋，经过了很多年，结构依然没有问题。

崔元记咖啡室的外貌依然是铁皮

崔元记咖啡室

路环的路面，最初是最古老的葡国风格，形状不规则的石子路；再后来就成了沥青路，再以后才是现今的那种葡式石子路。行人道上如今有着象棋的图案，旁边还多了现代化的绚丽灯柱，很是漂亮！

路环，消失了一份淡泊，却增添了一份绚丽，只是那份淡泊里有太多人的不舍，而现代化的美丽却无从留住年轻一代。

一并消失的还有那些甘甜的水井。路环接通自来水之前，居民都是依靠井水生活的。有一个井就位于从前冰厂的位置，另一个在田畔村那里，崔元记旁的小路里面还有一个，我们一家过去也是从这里取水，新屋旁边还有一个，凡是有水井的位置都有一个临时的水喉。

此外，还有些私人的水井，那些私人水井都是自己挖掘的，使用很久了。三个公共水井则是很早就存在了，渔民也大多依靠井水，他们平时饮用和洗澡的水都要上岸取。

到了冬天，雨水会比较少，井水容易供不应求而见底，所以有能力的话，居民都会自己开井，还可以保障卫生。当然，挖井也需要相当的经验。

除了发电厂旁边那个井比较新式，其他井都是比较旧的。井水较自来水更为清甜。海水的作用只在于临时洗涤，不能用来做饭或者饮用。公共井没有管理员负责管理，都是依赖居民的自觉。

因为担心卫生问题，这几个公共井全都被封了。虽然井水比不上自来水方便，却令人很怀念它的甘甜。

路环巡游

路环最大的节日就是农历四月初八的佛诞节。路环有四间庙宇，分别是谭公庙、观音庙、天后庙和三圣宫。三圣宫虽然面积小，但每逢新年和节日都是香火鼎盛的，以前有渔船的时候更热闹。

每年四月初八，四庙慈善会都会举行庆祝活动，四月初七晚，戏棚开

三圣宫（摘自《路环街坊演戏理事会庆祝路环四八联欢日特刊》）

天后古庙内

锣唱神功戏，大家会将四五个神像请到戏棚的后面，传闻那些大戏就是演给神看的，所以才叫作神功戏。其中有一个环节叫作“投花炮”，这个环节完结以后，人们就会给表演神功戏的人一些赏钱，是祝福之意，然后将神像带回家中供奉一年，第二年再将神像交还。

另外，还有一个神像是由信义福利会负责的，他们会将神像放置出来让市民参拜，中午时就会展示着神像，巡游路环一圈，引得观众围观叫好，还有些小孩手上持着小旗。巡游完毕以后，大伙儿还一起吃盆菜。现今的大型巡游就是由这小型巡游演变而来的。

我还记得，路环以前有一个华人代表叫永安，他拥有一家酒吧，每逢放假，那些葡兵便喜欢聚集在那里谈天说地。酒吧大约在客商街的尽头，四庙慈善会往前一点。永安会说葡文，那时黑沙有个兵营，放假时他们就喜欢在酒吧喝酒。当时只要路环有什么问题要向政府反映，都是找永安当代表的。那应该是五六十年代的事情了。

路环的传说

居住在路环，我们会听到一些传闻。比如曾经有海盗出没于竹湾，后来又莫名地被葡军击退；还听说竹湾海面有一块“劏人石”，从山上看，石头是血红色的，相传因为海盗在这里劏人太多，所以石头被染成红色。我年轻时也曾跟别人一起去寻找这块劏人石，却遇到大水，无缘看到。还传说那里有一块乌龟石，只要乌龟爬到岸上，路环便会沉没；更听闻以前圣母圣心学校在圣堂那里还未盖新校舍时，是分为两边的，新旧校舍之间有一条很长的斜路直达圣堂的门口，那里是一块空地，在此耕种的人居然刨到骨头，于是大家说这儿曾是乱葬岗。

每个地方都有故事在历史中流传，留下来的就成了传说，留给后人一份好奇和神秘。

旧时海盗出没的竹湾

我们还是很期待路环的新面貌的。但是政府应将这些旧木屋全部清拆，交通配套也是必要的，要是发展旅游业，应该可以吸引不少游客。

虽然走出路环的人很多，但是在大家心里，我们都是希望路环越来越好，希望有一天还可以回来居住。

“花场”中的他

招仁顺 口述

李璟琳 整理

打缆街前地

打缆街前地，远处是花场

路环打缆街前地，背靠着小山丘的一片绿茸茸园地，是一个提供鲜花和大型盆栽给澳门政府部门和本地大型酒店的花场，虽然其面积不能媲美内地的花场，但是所提供的花种皆是质量优良，并且深受顾客欢迎。花场东主招仁顺每天都与工人忙着栽种、修剪及施肥、灌溉。

少年往事

我叫招仁顺，1954年在澳门镜湖医院出生。我从小在湾仔务农，那时的生活比较简单，读书、做家务、饲养家禽，也是毫无新鲜可言了。后来我又在生产队里工作了约五年时间，依然是日日割禾、插秧，虽然两餐不愁，却苦闷不已。那时我父亲因为患有胃病，在澳门就医，我就萌发了到澳门去的念头。

我下决心要到澳门生活。从湾仔到澳门并不远的路程，在我的记忆里就像上演了一部精彩的电影，很不可思议，也很惊险，但是我成功地到达了澳门，开始了另一段不同的人生。

经营花场

早在我还没有来澳门之前，我父亲已经开始在路环开起了花场。那时正值“文革”期间，内地不允许湾仔提供鲜花给澳门，使得澳门的鲜花市场供应短缺，有感于此，我父亲经营起了花场生意。我定居于路环后，就一直醉心于花场工作。

“文化大革命”结束后，内地的鲜花市场再度开放，并允许湾仔再次提供鲜花给澳门，那是对澳门本地花场的一大冲击。然而我们也随之改变策略——种植一些高档的植物，如桃花，或替某些大型公司做绿化设计，希望从增加服务方面吸引新的顾客。

花场业务的不景气，反而让我转换思维，通过增加新的服务给客人，令花场的生意有增无减。

然而，我现在面临的最大问题便是土地资源有限，因而花场规模无法扩大。花场现在只有两亩土地是属于我爸爸的，余下都是我从外租借回来的，现在业主要求收回，我也不知如何是好，唯有顺其自然了。

“天时”“地利”“人和”

花场的经营，需要“天时”“地利”“人和”三方面配合。“天时”是人所不能控制的，因此不用提及；而“地利”对我这个花场，可说是得天独厚了，因其背后是昔日路环的主要水源——石面盆，被誉为“永不枯竭的聚水盆”。虽然现在是夏季，但是山坑流出来的水都足够整个花场的使用，可见这花场处于极佳的位置。当然现在还有机器的配合，把水从“石面盆”中抽出，再用机器来灌溉植物，大大提升了工作效率。“人和”也是非常重要的，我与我的员工每天都要6时起床，然后浇灌及施肥、杀虫，若需种植幼苗的话，便于前一夜准备工具和材料，到了翌日四时后，便开始种植工作。最主要的目的是为了避免被猛烈的阳光晒到。

在花场的工作时间，大约是天亮至早上10时和下午4时至黄昏，而早上十时至下午四时，主要是在室内维修工具或机械。

花场也有淡旺季之分，旺季是指春节、中秋和圣诞节，其他节日被视为淡季。于旺季时，我们会把一部分土地用来种植鲜花；淡季时，则主要做一些酒店里的植物管理和绿化工程，酒店可以租用我们的植物，并且我们会定时帮他们检查或修剪其租用的植物，有时亦会投标政府的项目，在公众地方进行绿化工程，一般政府工程为期约一年。近年澳门的经济迅速发展，不断有酒店落成及大型公司进驻，我的花场还是有很多商机的。

青山绿水还依旧

这句是说我们的路环。的确，比起澳门，甚至氹仔，路环相对滞后，但这也许就是路环的另一个出路：生态旅游。

“青山绿水还依旧”的路环旧市区，将要面临改建，我只希望政府在发展路环旧市区的同时，应多照顾住在平房屋的老居民！

潮水·黑沙村

何英明
何甲辰 口述

方茜 整理

黑沙村是一个清新空气中飘着淡淡海水味道的古老村落。那里的居民都和蔼可亲，生活也乐融融。在黑沙村土生土长的村主任与明叔，见证着黑沙村随时代更替而衰落的变迁。

何英明——明叔，是村主任的哥哥，其实他们不是亲兄弟，但他们说只要居住在黑沙村，只要是同姓便可互相称兄道弟。

以下按个人口述内容分开记述。

路环黑沙村菜田（约1947年），摘自李玉田《李玉田摄影集·濠镜写真六十载》（澳门综艺摄影会，1998年），第75页

黑沙村

村主任：

我是何甲辰，黑沙村村长（村主任），1944年出生，在澳门、香港两地打工谋生，30岁后定居黑沙村。

明叔，出生于1933年。家中有姐弟共三人。明叔在10岁的时候便到香港工作，到18岁回到黑沙捕鱼、种田。22岁时又到香港工作，1982年才回到黑沙定居。

根据香港考古队员对在海边发掘出的大量石器时代的文物，黑沙已有30000多年历史。他们第二次来黑沙的时候，因为怕不慎进入私人土地，所以便请明叔带他们到处发掘，但所发掘之处都找不到出土文物，后来他

有关澳门黑沙考古的书

们终于在海边发掘到一些碎玉及打磨玉器的器具。

现在澳门的考古工作已经由民政总署负责，他们会请教授到场指导，有时候会向我及明叔询问一些相关资料。

我祖父来到黑沙的时候，黑沙已经是一个村落，它分为新村与旧村，客家人习惯叫旧村为老村。黑沙有一所学校，客家人喜欢称学校作“书馆”。学校初期是用竹子建的，有的小孩在学校上课，有的则在家中上课。

黑沙新村和旧村就是以学校附近的一条书馆坑为界而划分。旧村多为老居民在居住，新村是因为当年人口渐增，旧村土地不足，居民便兴建了很多新房屋。现在新村也有一部分为原居民。

黑沙村的人来自五湖四海，比如，我来自中山，而明叔来自万山群岛。因为都是客家人，所以感情特别好。

明叔：

我祖父很早就来到黑沙村。初到黑沙的时候，觉得这里好兴旺呢！那时候黑沙村人口很多，主要是姓何、叶、张。也有一户姓吴的，最近还从九澳来了姓黄的。现在姓叶的已没落，他们部分已到了香港开始新生活。

因为政府不允许兴建新房屋，大部分村民在结婚并生儿育女后，都会因居住地方不足而迁走，把房屋变卖。到香港生活的村民们，大部分都因为没有香港身份证而在黑沙海滩坐船去香港。

以前黑沙村的人口有一百多，现在只有五六十，人们都依靠黑沙海生活，每天重复着捕鱼、种田、上山割草等工作。

那时种田主要以种禾为主，平日空余时间很多，所以便会养猪、捕鱼。饲养猪需要用大量饲草，妇女们都会到山上割草，还会收集草药作治病之用，不过能不能医好就要看运气了。村中最著名的治病方法是“捺火”，一种把火捺在穴位上的治疗方法。

黑沙的传说

村主任：

黑沙村最兴旺的时期，是大王庙香火旺盛的时期，大王庙维系着黑沙村居民的感情与生活。

每年农历二月十五日的神诞，那里都会演出大戏，昔日则有边打锣鼓边和唱的“唱八音”和木偶戏，村民也会到路环观看神游。每年村民们都筹款凑钱到路环募请大戏演员来表演。村民们都信奉大王，每年烧花炮，用花炮制成一座塔，每一个塔内都有一个神像。

大王诞

还炮*的时候，还要在塔上标明有多少双筷子、多少个碗是阿公的，即有多少东西是公用的。在办喜宴等活动时，他们都会用阿公的碗筷。

那时候，女儿出嫁要进行哭婚这个仪式，客家人叫“叹情”，新娘要在婚嫁之时，边唱边哭，诉说对家人的感谢。

婚嫁前，新娘会向别人学习哭婚，时辰到了便“上头”（上梳），“上头”的人必须为一对在世的夫妇。黑沙村没有祠堂，婚嫁之时，会在

★ 炮是指神像，今年请回家供奉，明年诞日要还回来。

家门前设宴，请客人吃自己制作的汤圆，还有猪皮、鸡、鸭、扣肉、粉丝、萝卜等食物，富贵之家还会吃瘦肉，而香港的客家人则比较喜欢吃盆菜。会有很多亲戚从九澳、横琴、内地等地坐船远道而来。婚嫁后还有“三朝回门”，富贵的人家还会送女家一只猪。现在结婚，会因省时关系而在当天便“回门”。现在的年轻人都喜欢旅行结婚，这些习俗已经没有什么人进行。

除了婚嫁，办丧事也会“叹情”。这些都是黑沙的传统习俗。

明叔：

旧时路环姑娘堂堂口曾有海盗出现，但那些海盗不会伤害村民，只是抢劫渔获。我小时候，外公和妈妈煮了饭，都会拿到山上给他们吃。传说张保仔时代，竹湾也有海盗出现，如果人们不交赎金便会杀人，那里有一块石头叫作“劏人石”。

村主任：

二次世界大战时，伪军会在6月割禾时节来强抢粮食，他们想在龙爪角上岸，但遥见黑沙海滩有很多人，便不敢上岸。此事是我爸爸在麻雀馆和烟馆听到的，但那时候黑沙根本没有这么多人，所以大王庙一直流传着“不怕黑沙人，最怕黑沙神”的说法。

那时候会有部分村民到路环海边的鸦片烟馆流连，那些烟都只有“聪明人”才吸的，但吸了那些烟就逐渐没钱了。那时候还没有流行戒烟，人们在赌钱或聊天时都因提神而特别喜欢吸烟。

我也试过戒烟十多天，但手脚明显地变得不灵活。医生说不能直接戒烟，要循序渐进，后来终于戒掉了。

明叔：

黑沙村附近几个山的山墓，都是属于私人的，政府已向村民会确认，外来人不可以下葬在这里。当年我有一位朋友的伯伯要移民到南非，希望我帮忙在这里建祖墓。

童年的回忆

村主任：

黑沙最兴旺的时候，村民早上会外出从事很多不同的工作，政府则赞助小朋友读书。我只有一个姐姐，姐姐十多年前便嫁到香港，现在已过世。我曾在很多地方念书，最初是在黑沙入读小学，过了不久又到路环读书，后来又到圣若瑟，最后又回到黑沙念书，由7岁念到16岁，但是也还是小学未毕业。我上学的课本是国民党的书籍，直至前几年，依然有台湾读纸寄到我家中。

我那时在澳门读小学，有人到我家寄宿，初期是华人，后来有个洋人，寄住了数年。

明叔：

我小时候，在澳门汉文小学念书，家中有父母、姐弟，还有一个帮家里种田的人。因为我在澳门半岛上学，所以晚上在亲戚家寄住。汉文小学在澳门是一所有名的学校，我记得那个年代的老师还会打不乖的小朋友的手掌呢。

别的学校放假，而我们的学校放假要被政府罚钱，也就不敢放假。一班有七十多人，人多，吵闹杂乱，很难听课。

我家中是种田的，二次世界大战时期，澳门很多人三餐得不到温饱。因为怕被别人知道家中有饭吃，所以我家都不敢吃午饭的，只可晚上煮蟹饭吃。

在香港生活的时候，我们吃的饭，品相都比不上用来贴海报的白胶水，因为吃的是黑色的薯粉。也会用“牛屎糖”煮芝麻糊，“牛屎糖”没有任何化学成分，对人体有益，但因为那些糖是用报纸包的，小孩子会边吃边吐报纸，吃一碗便吐了半碗报纸。

因为在香港吃的东西没有油水，我回到澳门后，经常因为饮食不习惯而腹泻。我的亲戚们也常因没有水果吃而消化不良，发烧也只能吃伤胃的荷兰薯（即马铃薯）。那时爸爸来看望我，问我多久没吃饭了，我回答说：“已经很多天没吃饭了。”

在澳门读书期间，我两个星期才回家一次，每一次都坐船到路环，然后步行约四十分钟回家。

那时黑沙没有码头，只有小渔船停泊的地方。以前一天只有两班船，潮退的时候也不能开船。自从连接路环的大桥建成，治安好像比以前差。

我上小学时，放学的时候，便是乘坐4：30的船，很多时候都因到半途遇上水退而要换乘小艇。小艇只要三个人就可以抬起。

那些船来回澳门半岛、氹仔和路环，也需要约一小时。那时最怕的就是水干，船行驶得慢，天又黑又冷，步行回家会感到害怕。

村主任：

黑沙很早便天黑了，我每个星期六放学回家，星期天便回澳门半岛上学。

有一天，天色很昏暗，我走到竹湾酒店那边，看到前面有一人影，便想喊停他一起步行回家，我加快步伐，希望能赶上他。那时我只有十多岁，不停地在后面大喊，那人不理会我，但当我在转角赶上他时，那人却不见了踪影！我便很惊慌地快步向前走。

黑沙除了公路外，还有一些快捷方式，只需步行十五分钟便可到达路环，也可以步行到竹湾。因为没有交通工具，居民到路环街市买菜，只可徒步，十分艰辛。

到了收成季节，种田的人便把晒好的谷包装好。插好新禾苗后，便会在比较清凉的晚上，把谷抬到路环市集售卖。虽然后来有单车及人力车，但也因路途崎岖而感到非常疲累，因而会有村民选择使用水运运载谷物。

那时候白人士兵是管黑人士兵的。印度独立后，很多印度人到澳门嚤啰园居住，葡国是后来才到路环建立军营和炮台的。那时还有一些黑人驾驶军车来往路环及九澳运输粮食，如果他们同意，也会顺路载村民们到路环监狱，再徒步走到路环市集。20世纪80年代也有越南难民曾被安排到九澳难民营暂住。

明叔：

我小时候经常利用余暇回来黑沙跟朋友玩乐。三四月的时候，从书馆坑流出大海的那条溪便会冲穿沙滩的沙。那里的水很浅，我跟朋友们看着那些鱼儿不停地游，便一直捉鱼，玩耍到天黑。我们还会钓鱼、捉小鸟、打蟋蟀，朋友们玩得都好开心。

以前的3月，可以在龙爪角捕捞很多渔获，但近几十年，污染日渐严重，渔获慢慢变少。以前村民们还会到海边取紫菜、淡菜、蚝等，这些食物养活了很多人。也有人到山上打猎，我们都吃过白鹤、蝙蝠等动物。田鼠有时候也会在田中偷农作物吃，我们遇到了也要捉来吃。村民把紫菜带回家，使用简单的工序干燥一下，第二天便可以拿到市集售卖。

有房产商兴建楼宇时，石矿场便会招募工人。那时候生活艰苦，我们什么工作都要做。

村中简朴的房子都是村民制泥砖建造的，富有的人会在屋顶盖瓦，现在最差的房屋屋顶都已改用铁皮，已经再没有人用禾草来盖屋。以前的猪屋、牛棚都是用禾草盖建，天冷的时候便会把牛拉进去。有时候发生禾草堆失火的事情，村民们都会互相帮忙解决困难。

村民会养猪、鸡和牛，牛是用来耕作的，老了便会卖掉。那时不是每一家都有牛，所以经常借给别人用。黑沙是养水牛的，大屿山则养黄牛。

曾经有宗教人士养花牛取牛奶，澳门回归后，那些宗教人士有的去台湾，有的留在澳门教书。以前这里有教会，有很多香港的少女教徒跟随他们来到黑沙，但是他们并不会主动请村民信奉他们的宗教。

黑沙村生活

明叔：

旧时的氹仔只有爆竹厂，后来虽然也有穿珠工作、割禾工作等，但大部分村民都因生活艰苦而离开黑沙村，到香港工作和生活。我在澳门读到小学毕业后，本来打算当“打文师”，以前科技不如现在发达，办公室里并没有电话等通信工具，打文师负责部门间传递文件或讯息，月薪80元。后来我还是去了香港工作。

村主任：

以前村民们金钱不足时，便会到路环市区的杂货店贷款，在6月割禾时，便用麻包把禾包好，卖谷还款。村民们都在家门前把谷晒干，割五担就晒五担谷。我们只卖谷，不会磨成米的。村民把谷卖到路环，路环的人再卖到澳门。

后来杂货店因贷款过多而不能经营了，现在澳门也没有磨谷机了。

除了卖谷外，村民还会种地瓜、芋头、姜等，也会种一点蔬菜来吃。黑沙村兴旺时期，有很多人来到黑沙居住，那时差不多有上百人。但是在60年代生活最差的时期，人们山穷水尽了，村民便一个接一个离开，到外面寻找新生活。

那时候到香港取身份证，英国官员说，因为中国人一出生就当为一岁，所以要在身份证上减掉一岁。

我小时候，因为成绩差而经常需要参加夏令班。小学读到五年级，我便到香港学师，到工厂跟随师傅学制不锈钢和铜手表。

我还从事过很多行业。因为没有心思工作，所以经常转换职业。初期是制五金手表，又到过纱厂用棉花做线、纺布，然后又到很热又有很多蚊子的玻璃厂工作。那年我二十多岁，半个月上早班，半个月上晚班，每月薪金90元。后来我又到电镀厂工作，最后回到黑沙捕鱼、种田，没有钱时又到香港当泥工。

当泥工很难找到老婆的。我不太喜欢在澳门打工，因为人工钱很低。我就是这样，来回港澳，不断寻找不同的职业。

在香港工作的时候，我住在大角嘴的“白鸽笼”（面积非常小的“劏房”），就像“72家房客”一样，床是三格高的床。

我30岁时，便开始回到黑沙定居结婚，又到海皮的警察局当打石工人，工作了二十多年。那时驾电单车还不需要牌照，所以我来回两地非常方便。

说到黑沙村，大约一百亩地，每人占有的土地大小不一，没有田地的人，都已在二次大战时因为粮食不足而离开或饿死。拥有很多土地的叫地主，他们没有钱用时便会卖地，直至土地全部卖完。以前有很多富贵人家所属的堂口，他们会经常到政府申请土地。

为了帮补家计，我把田地改成鱼塘。初期我家在氹仔经营鱼档，自我外父过世后便变卖了。鱼塘收入不定，但最重要的是新年的时候，有多一点的收入，可以准备过年。

那时只有我家把田地改成鱼塘，因为澳门并没有鱼种出售，要到香港购买，又坐车又乘船，村民们觉得很麻烦，所以都不把田地改为鱼塘。

卖农作物的钱，都是刚刚足够村民们生活支出，几年前路环已没有杂货店，那时候路环码头那边有鱼栏，有渔获时渔民会用渔船把鱼载到香港，也有人在那里把咸虾晒干。那时还有几间茶楼与剪发店。

路环码头（约1920年）,摘自《氹仔路环》（海岛市政厅，1998年），第99页

路环码头

时代已经转变，现在黑沙村人口渐渐稀少，包括黑沙、九澳等地，也只有数百人。路环现在已没有鱼售卖，村民们都只能到澳门买菜。

明叔：

我在1982年回到黑沙，就不再到外面工作，一直跟随村主任喂饲家畜、制泥砖。村主任笑我说是“有阴公冇人工，黑沙村是死地头，不过已经比九澳好了”。

那个时候我父母都已经七八十岁，我在香港生活的日子，只要电话一响，我便会胃痛，因为怕是长途电话，怕父母发生意外。

1982年我回澳看病，医生说我的胃病已不能再工作。我父亲住院时，我去剪发那天，发型屋的人介绍一种家传胃药给我，那人说虽然没有医生认可，但只需45元，而且只需要吃一个多星期便可以痊愈。胃药一包共21服，早午晚各一次。当年就是在外买一服药也需要6元，所以我把药买回家，结果服用两个多星期便痊愈了。

黑沙村居民互助会

明叔：

黑沙村的居民互助会，正式在政府注册已有二十年之久。我在20世纪80年代再次回到黑沙村的时候，互助会已成立，互助会会帮助村民向政府反映意见。

数十年前，没有互助会的时期，有一个与互助会相同工作性质的“地保”。以前政府不让村民饲养禽畜和割草，“地保”是村民与政府沟通的桥梁，享有永久薪金，直至过世。村民间有争执时，“地保”也会帮忙化解。

村主任：

村主任是在成立互助会后才出现的。村主任是投票产生的，两年选举一次。有些村主任为了私利，希望可以自行决定村内所有事务，要求不召开会议。现在已没有什么人想当村主任，所以任期比以前更长。我已经当了七八年村主任了。人们口语中习惯叫村长，但选举的时候不是叫村长的。现在只要有人想当村主任的时候便会换村主任。

因为担任村主任需要载村民到氹仔去看病，特别是艰苦时期，村民的日用品都是在路环市区购买。

以前我十多岁的时候，澳葡政府计划把黑沙的沙卖到香港，供给建筑商兴建新楼宇，最后在工联帮忙协调下，解决了此事。

现在黑沙村的村民都只是偷偷地建新房子，虽然政府人员会经常来调查，但他们大部分都不加理会。因为政府既不承认也不否认这些房屋的产权，所以不存在屋契（政府所用的屋契）、纱纸契（用纱纸写成，用于个人交易用）等问题。现在我们要建新房子，也会告知政府。

黑沙的学校现在也被政府收回，由社工转介那些边缘青年到这里读书。现在路环已经没有学校，小孩们都到澳门半岛读书，而九澳还有圣若瑟和雷明道两所寄宿学校。

九澳圣若瑟学校

雷鸣道主教纪念中学

今日黑沙村一景

今日黑沙村

村主任：

现在黑沙村大部分长者已过世，明叔已是全村最老的人。我已经64岁了，有一儿一女，他们离开黑沙到外面生活已几十年了。8月时，在英国读书的儿子便会回来。我女儿曾经当教师，现在在商场卖汽车配饰。

虽然黑沙村不像以前那般兴旺，但我们依然选择居住在黑沙村，这里平静安逸的生活，是城市不能比的。

温馨九澳情

张国财 口述

骆嘉怡 整理

几百年前，九澳村已有人居住，先辈们在今天水泥厂一带以渔、农过活，在海湾一带居住，而后才迁到偏内陆的地方居住。九澳村聚居了祖籍为广东省梅县的客家人，客家人开始在九澳村发展了独特的客家文化，例如吃盆菜等。

张国财说，虽然近年九澳村民渐迁到氹仔或澳门，但生于斯，长于斯，思念故地的情怀是不会改变的。

九澳古村风貌（摘自《海岛季报第二期》）

九澳村街景

我叫张国财。我们的先祖生活十分艰苦，由于是孤岛的关系，交通非常不便。从旧日地图所载可知，路环不及九澳开发得早。县志先载有“九澳”，几代以后“路环”的称呼才出现；在此之前，整个岛都属于九澳的，叫“九澳角”。

与世隔绝

几百年以前，九澳村已有人居住，先辈们在今天水泥厂一带以渔、农过活，在海湾一带居住，尔后才迁到偏内陆的地方居住。农田耕种，以及依靠海滨地方打鱼维持生活，这样的生活很艰苦的，可说是与外面完全隔绝，交通也基本终止。当时没有车辆，也没有大桥，过澳门或其他地方都要自己撑艇。我们也会运农作物，或是把养的鸡、猪运到其他地方卖。卖了，便有钱维持生活。

纱纸地契风波

1910年左右，澳葡政府的势力伸展到路环，更逐渐来到九澳。当时九澳沿海一带时有海盗，澳葡政府着当地村民协助抵抗。我们手无寸铁，政府便派几个兵，在九澳村起一个棚寮，给村民发几支枪，遇有海盗便跟士兵一起对抗。

在初期，村民当然叫好，因为自己的生活因此有些保障。后来扎营日子久了，葡兵势力开始壮大，便把居民的枪收回了。再后来，澳葡政府渐渐要求农民纳田税、地米，最终便引发纱纸地契是否有效的问题。

当时的澳葡政府纳税纸上的条文，把九澳村的土地写成是村民向政府租用的，政府不要求没收土地，而是“土地要每年经政府分发给村民，若政府要收回土地，则需无条件收回”。

九澳居民发现被骗了，因为土地是先辈用钱买回来的，且有纱纸地契作证，于是我们便不纳地米、税项了。

经过一番斡旋，村民们据理力争，澳葡政府最终放弃纳税收地的念头。

但在斡旋的过程中，政府曾实施过系列政策，例如禁止村民上山斩柴，若有发现便把村民拉去坐牢。若抓不到人，而又有证据证明曾有村民上山斩柴的，便把村主任拉走，代替斩柴者坐牢。那段时间是人人自危。

庙庆气氛浓

跟路环、氹仔一样，九澳村也有自己的庙宇。九澳村筑有三圣庙、土地庙，庙庆时会演神功戏、打醮等。随着人口渐少，庙庆气氛相对淡化，但农历五月十三的三圣庙贺诞仍旧热闹、精彩。观音、土地、三圣、社公，九澳村村民一律都信奉，观音诞会拜观音，土地诞也会拜土地，神坛也会起，过时过节全村人都会去逐位参拜。

九澳谭公庙

三圣庙的三圣，分别是洪圣、谭圣和关圣。但谭公诞时，村民多会到路环谭公庙拜谭公，反之三圣庙的谭公诞比较冷淡；但也曾在九澳举行过两次大型谭公诞。

兴办教育

在学校方面，今天的九澳村有九澳雷明道学校，昔日曾经有过“九澳学校”。“九澳学校”创办于20世纪50年代，校址就是今天澳门九澳村民互助会会址所在地，后来得到澳葡政府协助，在原校址后面的一块空地建了一所较有规模的学校，将“九澳学校”搬迁到该地，至80年代正式结束。

当时九澳学校只有小学，学生念完小学后又继续念小学，没法子，因为没有中学。若按课时计算，我们是念到初中了，但只能称小学文化程度。

当时学生是白天工作，晚上读书，老师的质素很好的，从澳门或内地跑来九澳教书，尔后也有留在九澳生活的。

我的童年时期都在耕作中度过，环境虽然艰苦，但我们都没有放弃。

善待历史痕迹

将来九澳村会发展如何？我认为昔日麻风院一带可重新修葺，这样一方面响应政府发展旅游事业的号召，另一方面是希望有价值的东西能引起

雷鸣道主教纪念学校

人们留意与重视。麻风病院一带，荒废了二三十年了。那边有许多欧陆式建筑，是西洋人在上世纪三四十年代建的。现在澳门回归了，特区政府不妨考虑把它修葺好，然后开发为新的旅游点。

温馨九澳情

我们九澳村的生活，村民关系很融洽，都以兄弟相称的。你的孙子也会叫我作爷爷；我的哥哥，其他人也会跟着叫哥哥，是大家庭式的。每年会庆、三圣庙贺诞摆酒等，即使住在其他地方，如香港、国外等的村民都会跑回来，高高兴兴地摆三四十席，大家一起吃盆菜，最是热闹。

现在我担任澳门九澳村民互助会理事长。近年来，很多九澳村民逐渐迁到氹仔或澳门，但生于斯，长于斯，思故地的情怀是不会改变的。

我自1993年搬到氹仔居住，但这些年，我每天都会返回九澳村，与留居的几十位村民一起“把茶话旧事”。

身为“澳门九澳村民互助会”理事长，我自己有两大心愿，一是建筑好九澳坟场，二是修葺好土地庙宇。墓地方面，我在2006年已经着手了，修葺土地庙的事也刚好完成了。现在这两件事都做好，我也算是功德圆满了。

九澳圣母马路

附录

一、盐灶湾的疍家渔民

陈丽嫦　整理

盐灶湾，澳门路环古称。据《香山县志》所载：“过路环，即盐灶湾，今客民私采石处。”

疍家渔民的名称由来

疍家渔民，一个属于大海的族群，世世代代都常居在海上，在变幻无常的大海上漂泊，倚靠简单的捕鱼工具维持简朴的生活。西方人亦称他们为“水上吉卜赛人”，将他们比作“水上的浮萍”。

他们又名艇家、水上人、海越仔等，都是指广东、广西、福建、海南和浙江一带以船为家的渔民。

在香港流传着一个说法：“据说这些渔民经常用鸡蛋来代替交纳税金。这些贫穷的渔民没有钱，口袋里也没有哗哗响的银圆。大概他们在集市上用鱼来换取陆地上才有的某些物品。他们在船上养母鸡，将鸡蛋交给收税的官吏。正因如此，他们一直被称为‘疍家’，这个词无论是官方还是老百姓都使用，它既合乎逻辑，又生动形象。”

“……他们肌肉组织发达，坚实有力，皮肤被太阳晒得黝黑，可能是中国人中最为健康的。……他们所谓奇异的生理外表可能就是指其短粗的双腿，他们的大腿又粗又短，无疑是长年累月被迫在渔船上狭小的居室里屈膝度日的结果，代代如此。这一现象也使他们走路的姿势变了形，因此，当他们走在城里的街上，很容易被识别出来……”

因此在福建闽东，疍家渔民也被贬称为“曲蹄”。

关于疍家渔民的来历众说纷纭，由于他们自古以来的社会地位很低，和陆上的居民甚少接触，加上大多的渔民没有受过正规的教育，甚至是文盲，使得疍家渔民和陆上居民的交流出现了鸿沟。

陆上人用“疍家”这个名词来称呼渔民，一开始时是带着一种歧视的语气，而对于渔民来说也是一种侮辱，因此他们也给自己这特殊的群体起了一个名字，叫“水上人”，意为“站在水上之人”。

疍家渔民的起源

关于疍家渔民的起源，研究者们很难找出一个确切的结论，有很多种论说都仍需要进行考究。有说他们是陆地人家的后裔，在战争时期或政治危机年代逃到海上。上海流传着这个传说："宋朝有位皇帝，在和敌人开战出征之前，把江山社稷交给两位他十分信赖的大臣。可悲的是这两位大臣忘记了他们的职责，试图投靠敌人。皇帝胜利归来，异常气愤，他立即颁布法令，命令下属将两位大臣，以及他们的家属亲人，仆奴家小，家畜家禽全都赶到船上去，再也不许他们在陆地上居住；并且禁止他们的后代报名参加科举考试，这样，他们就不能再担任任何公职或者拥有土地。"

香港的一位教授在考察研究中发现了这样一份资料："水上渔民是忠实于宋王朝的北方汉人的后裔，他们为逃避蒙古人而来到海上。许多渔民都是陆地人家的直系子孙，他们是在动荡年代或灾荒时期流亡到海上生活的。许多人到现在还在回想着他们的祖父祖母所讲的那时期的故事。"

历史记载显示，他们被禁止在陆上居住，不允许参加科举考试，而且只能与族内人通婚。到了18世纪以后，皇帝才颁布解除令，允许疍家人在陆地上居住，进而和陆上人通婚，才使陆上人逐渐接受渔民的生活习惯，减少对他们的偏见。

风俗习惯

渔民们和陆上人一样笃信宗教，供奉着自己所尊崇的神祇，他们大多信奉妈祖，每次启程出海，必定给妈祖娘娘上香并在船头、船尾摆放祭品拜祭，以祈求这次渔获丰盛，平安返航。

一些渔船上还会安放一些小偶像来代替刻有铭文的"神主牌"，以此代表逝去的亲人并表达哀思。

在疍家渔民当中，还流传着一个朱大仙。朱大仙，是澳门地区水上人家所信奉的一位海神，以保护水上人不被海贼伤害而见称，因此在渔民中受到供奉。在朱大仙生日那天，疍家人会在船上举行庄严而隆重的祭祀仪式，只许渔民参加，外人很少有机会参加。

春节是渔民的大日子，渔船一般由农历十二月初十至廿四日，陆续返澳停航休息度岁。他们绝对不会选择正月初三作为春节后的复航日，因为这天是“三煞”忌日，中国人认为这天诸事不宜；除夕至年初二，渔民则忌向另一艘船的人借东西。在此期间，渔民会修补渔网、渔具，检查及维修机器。

渔业发展蓬勃时，春节期间，停泊在路环码头上的渔船多达数百艘，场面十分壮观。水上居民和陆上居民过春节都会按照传统习俗进行庆祝活动，差别不大，如办年货、吃团年饭等。唯一有差别的是他们会前往妈阁庙还神，酬谢天后娘娘保佑平安，祈求来年风调雨顺，鱼虾丰收。节后，渔船起锚起航，驶至妈阁庙海面，让船头正对妈阁庙，在船头摆设奉祀物品并上香，燃放爆竹，祈求神恩继续保佑。

疍家人的特征

每天都在海上与天气搏斗，居无定所，加上捕鱼所得到的生活酬劳比较微薄，使得疍家渔民在体型上都很瘦削，皮肤黝黑；渔民是直接用手拖网跟划船的，容易导致手掌磨破或结茧，所以他们的手都比较粗糙。

他们会戴一种渔民特有的竹笠，其形状像一只碗。竹笠价格便宜，但非常结实，它不像那种宽檐的竹帽，容易被风吹掉，因此渔民们都很喜欢它。陆地上的人称其为“疍家帽”，而渔民自己则称其为“竹笠”，很少看到有陆地上的人戴这种竹笠。虽然漂泊在海上，但妇女们仍喜欢用金耳环跟手镯装扮自己。

疍家人的沟通语言基本上和粤语相似，只是口音有点不同，使得人们能很轻易地辨认出他们的身份。

路环码头与疍家渔民

路环码头在1959年前已建成，是路环唯一的码头，在路氹连贯公路还未建成时，这里是路环与外界联系的一个门户。1959年的《澳门工商年鉴》中已有记载。

码头位于路环船人街口，为水泥材质，码头旁边有一斜坡，便利小艇停泊或卸货上岸。此码头是专为停泊来往澳门、氹仔的渡海电轮而建。五十年前，渡海轮都是小电船，载客量有限，航速缓慢，赴氹仔只有四公里行程，却需花费半小时，往路环八公里，则需一小时。每日数班行走，常受水汛影响，每遇退潮，航班便暂时取消，或只往氹仔，不赴路环。又由于路环沿岸水浅，电船抵埠不能泊岸，只以小艇接驳，如遇风大浪高，更是险象环生；而船只航行于路氹间，偶尔也会搁浅。

赴离岛旅游办事的人，回程时都很注意船班期，若误了时刻，就会滞留码头等下一班。每逢假期，搭客拥挤，虽然船务公司加船、加班疏导旅客，但海上天气难料，班次亦不一定能如期，特别是在路环码头，又没有上盖，遭受雨淋日晒，容易令滞留的旅客聒噪不已。

停泊来往澳路氹船只的码头，在澳门方面，几十年来已数易其地，最初是设在下环三号码头，后来设在七号及十号码头，近亦已遭拆卸。

以下是一则20世纪50年代的渡澳门路环的小轮公司广告：

澳氹路小轮公司

华丽客船　快捷舒适

每日往路氹时间

六时半　九时　十一时三　一时半　四时　六时半　至十一时半

路环返澳

七时半　十时　十二时三　二时三刻　五时一刻　至十一时三刻

船泊七号码头

在80年代以前，路环是渔船的天堂，每届鱼汛期，有近千艘渔船集中在海湾处，连环百里。路环海湾海波平静，渔民不时在船上唱起特别的“咸水歌”。每年十月是黄花鱼丰收的季节，渔民多集于此买卖。每当退潮时，渔船也只能泊在海中心，由小船把渔民们载到岸上，在70年代乘坐一程驳艇的票价是一元。以下一首诗很能把当时的画面活灵活现地呈现在我们的面前：

同一种传说
隐藏着一桩绝密故事
两百年前的过眼烟云
如今又在沙湾上空浮沉
一位疍家老婆婆
仍然在织补一张破弃的罾网
仍然在看守一座小庙
仍然孤零零地
早晚供奉着一炷香火
仍然在黄昏上灯时刻
喃喃呐呐地哼唱
哼唱那同一曲古老的咸水歌
天上圣母护航庇佑
张保仔上岸探阿婆来啰
——as tancareiras
（阿疍家妹来啦）
——tancareiro
（疍家佬来喽）
阿哥孤魂兮归来时
十五十六月光光哩
（喃喃呐呐的水上谣曲
脱口变成串串咒语抛进白头浪里）

《文化杂志》第五十二期疍家诗

每当潮退，许多渔船都会泊在露出海面的浅滩上进行修缮。一般深海作业的大型渔船，每半年便要翻新一次船底，而较小的渔船更要四至五个月进行一次。船底维修翻新，是将船底木缝的旧灰凿清，填上新料，然后髹上防蚝漆。防蚝漆有效期半年。完成上述工程需时四五天。

移居陆上的生活

19世纪中叶，疍家渔民开始固定居住在路环码头附近，他们一开始只是把渔船垫得高于水面，固定在海湾边，后来建成很有特色的“棚屋”。“棚屋”大多以木材或麻石支撑，木材的种类有杉木、坤甸木和红木。这些木材不容易吸水并且木质坚硬、沉重，而且大部分都是从旧船拆出来循环利用，再由熟练的搭棚师傅搭建。屋内的格局一般较宽敞，清新的海风味能弥漫在屋内的每个角落，棚屋层数为一层至两层，“棚头”上方再加建阳台，主棚再伸延出“棚头”“棚尾”及“棚底”。早年没有电力供应，所有日常家务如烧饭、修补渔网、晒鱼及制虾膏等，都是在“棚头”进行，而“棚尾”及“棚底”，则用来储存杂物，昔日更有人用来饲养牲畜。

后来发生一场大火，烧掉了十几间“棚屋”，幸好没有严重的人命伤亡，然而这场大火引起了政府部门的注意，增加了兴建“棚屋”的限制条款：每间屋之间要留几米的位置作为通风之用，以免火灾悲剧重演。每年港务局会例行检查“棚屋”的安全性，以考虑明年是否还继续接受申请。

1959年的《给都市的信》中的一段文字，使我们能感受到路环的微妙变迁：“有人说，紧靠着澳门半岛的氹仔岛和路环岛还停留在几个世纪以前的发展水平上。对此我一直感到十分难堪。……三年不见，当刮目相看。如今，在那里已经有了城镇、政府部门、军营、学校、教堂，还有医务所。……此外，还有长满柏树的山丘。在海岛村落的咖啡馆和冷饮店里可以看到可口可乐的广告，除此之外，看不到任何西方的影响。”

路环远离澳门市中心，不少地方仍保留着岁月的痕迹。渔网撒在热烘烘的地上，渔民们默默地坐在网上，手脚并用地编织着渔网破损的地方，道路上散满了贝壳。木板上擦了盐的小鱼在太阳下晒烤，鱼身上的味道吸引了很多苍蝇，街道上充斥着浓浓的鱼腥味，这些都可以在一张张发黄的旧照片中看到。

20世纪60年代的疍家渔民

根据访谈得悉，60年代的疍家渔民生活，和上述所描述的大同小异，主要还是以捕鱼为生，澳门海域潮退时便会到深海打鱼。五十年前的渔船是以桅帆借助风力行驶的，有三个桅帆的称为大船，能扬帆到更远的海域捕鱼。

到了60年代，机动的马达渔船已经很普遍，在汰弱留强的经济社会中，帆船的生存价值已经不复存在。

路环附近的海域拥有丰富的海产资源，如阳江、台山等都是渔获丰富的海域，船只早上出海晚上就回来，来回时间最久的也只是要花约十六个小时。在渔获丰盛的季节，有捕不完的海鲜，即使大型的渔船也载不下。

如今这个景象已经不复存在了，随着人们用更细的渔网捕鱼，致使鱼类减产，海域的污染导致渔民的盈利空间越来越小。澳门捕渔业没能顶住这个严峻的考验，已经在上世纪末消失了。

疍家渔民很重视家庭关系，他们只会雇用自己的亲戚做帮工，为了增加劳动人口，每户最少有五个儿女，因此渔民子弟在路环总人口中占比颇大。

为了培养社会新生代，路环的学校也为渔民的子女特设夜学，方便他们接受应有的教育课程。圣母圣心学校就曾为渔民子弟开设晚间的小学课程，晚上七点到九点开课。不过他们的家长都不太重视子女的教育，即使是年幼的子女，也要跟随父母在恶劣的天气出海打鱼。

文化的缺失，限制了渔民子女的发展，由于文化水平不高，他们到陆上找工作遇到很大困难，只能承继家业，继续这个收入微薄的工作。

渔民每个月的生活仅够糊口，即使有多余的积蓄，他们也会返回投资自己的渔船及捕鱼用具。船只每年要进行数次船底清洁，以保海上航行的安全，即使定期保养，渔船在海上受尽风吹雨打，寿命也只能维持数年。

澳门鱼栏

当渔民受到资金的困扰时，便会找相熟的朋友借贷，而最常见的贷方就是鱼栏了。渔民们为了还清款项，会把捕到的渔获送到鱼栏，鱼栏以低价购进，然后再把鱼拿到市场上做交易。

一般鱼栏对出售的鱼收6%的手续费，零售商再收6%的手续费，在商户的层层压榨下，渔民只能收到比渔获实际价值低的卖鱼钱。与此同时，渔民往往还要以赊购的形式来添置设备和购买生活用品。日常所需要的柴油跟冰，可以在澳门内港码头购买，那里设置有冰船、油船跟冰厂。

和鱼栏没债权关系的部分渔民，会把渔获直接拿到岸上售卖。他们有的会在路环沿街叫卖。路环市中心的街道都比较平坦，每当居民听到叫卖的声音，便会把渔民叫停，一些人还会从二楼的平房探头出窗外买鱼。渔民的幼子更会跟随着父母，帮忙打点，如负责把鱼入袋收钱等。

他们早上四五点钟就开船出海打鱼，在午后一点钟或者三点钟的时候，就回到陆上沿途叫卖。即使捕到三十斤渔获，都可轻易地在路环岸上售完，如果渔获太多卖不完，就交货给鱼栏。

有些渔民则直接把渔获拿到街市旁边卖，因为当时的管制没有现在这么严格，卖者拿一些东西铺垫在地上，便可以组成一个简陋的摊位卖鱼，当时的海关部门对海产的卫生检疫把关并不严格，所卖的东西都不用检疫。

即便是到了后期，水警对大陆居民到澳门还没有这么严格限制，横琴的居民也会把自己所种的菜蔬带到街市贩卖。

二、澳门路环基本资料

陈丽嫦　整理

路环市简介

路环，在《澳门纪略》中被写成“九澳山”；立于清道光七年的澳门谭公庙碑记中则记为“路环”；在路环天后古庙的一口有两百多年历史的古钟上刻有“盐灶湾”字样，这是路环的旧称。

路环地处澳门地区的最南部，距离澳门半岛约8公里，居于珠江口“十字门”之厄，西面与广东省珠海市的大横琴岛最窄处相距不到300米。

路环的原始面积5.9平方千米，比澳门半岛及氹仔岛面积大。据1959年的官方统计数字显示，居民有6000余人。1978年12月31日，澳葡政府的统计显示氹仔和路环两地共有45名葡萄牙人和8082名中国居民；到了1996年人口却落至2500人。

1960年，渡轮“海德”和“路环”号在政府船坞建成，往来于澳门和离岛之间载运乘客，服务至嘉乐庇大桥揭幕为止。1968年以前，即路氹连贯公路未落成之前，居民必须通过海路与外界联系。由澳门乘小轮前往路环，大约60分钟便可到达。

路环，有连绵的山丘，优良的海港，四面濒海，面积比氹仔约大三分之一，且渔船易于湾泊，是一个天然的优良渔港。每届鱼造（渔业旺季）时，经常有八九百艘渔船停泊在此，蔚为壮观。

当地设有十数间鱼栏，均是澳门鱼栏的分支。腐竹厂及酒厂也有多间。规模虽比不上氹仔爆竹厂的宏大，但仍使路环商业发展达到了顶峰。蒸酒工业最鼎盛时，约有五间酒厂，分别是“毅力”“天娥”“山泉”“宏杰”等，其中有三间是在客商街。还有六间腐竹厂，虽说是厂，实际上只是一间普通平房，但在50至80年代都十分红火。腐竹厂的主要客源是澳门人，其售卖的腐竹主要是扁竹、圆竹、甜竹。

自1984年起，氹仔和路环离岛的基础设施建设迎来蓬勃期：修建大马路、道路、饮用水水库；增加学校数量；翻修改用水管道并供应电力；大力发展工、商、农业的现代化，以及观赏鱼和深海鱼的养殖；清洁卫生、美化环境；尤其是在建成嘉乐庇大桥后，又建设了超级市场，兴办了工厂，开发了多处旅游景点。

路环市的宗教建筑

天主教传教士圣方济各从日本到达中国南部沿海，1552年在澳门附近逝世。为了纪念圣徒方济各，澳门天主教会倡议兴筑一座以“圣方济各”命名的教堂。圣方济各圣堂位于澳门路环计旦奴街，教堂正门以白色粉饰，附有椭圆形的窗户以及一座钟楼。1953年6月17日，路环神职人员隆重接收圣方济各·沙勿略神父遗物，从16号码头举行凯旋式出游，直至主教座堂。

教堂内部设有一个银色的骨箱，箱内盛着圣方济各的遗骸。教堂内还存放有1835年大三巴圣堂火灾后所遗留下来的59名日本籍、14名越南籍死难者的遗骸。在教堂前地，设有一座纪念1910年军民战胜海盗一役的纪念碑。1954年7月13日是纪念路环击退海盗44周年纪念日，澳督前往纪念碑前，向路环的已故战士致敬。该日被定为海岛市日，因此那年的庆祝活动更为隆重盛大，路环邮电局新大厦亦于当天开幕，还有信徒步行到圣方济各小教堂，由颜俨若红衣主教主持弥撒。

12月3日是圣方济各纪念日，圣方济各教堂的神职人员都会在最接近当日的一个星期天举行庆祝活动。据路环居民回忆，庆祝活动包括圣像出巡。

由于该活动与路环居民的信仰无关，故参与活动的人寥寥无几，因此圣像出巡只举办了几届。但是即便如此，路环圣方济各教堂在1962年8月18日还是进行了扩建。（据“政府宪报”第33期）

路环还有不少香火鼎盛的中国传统庙宇，如“谭仙圣庙”、“天后古庙”、“观音古庙”、“三圣宫”（俗称金花庙）。此四者合称为四庙，由路环街坊四庙慈善会管理。

路环市的消防设施

路环是荒僻的离岛，当地的基础设施建设缓慢，致使消防设备也比较简陋。消防工作由一般民众组织民防队负责，有关用具如水车、水泵、盆桶、帆布喉等，由商户捐助购买，存放在更馆里。一旦发生火灾，民防队马上到更馆集合，带上消防用具赶到火场灌救。这样原始的救火方式，一直沿袭了几十年。而今，在路环天后古庙还保存着一部古老的手摇式水车。水车的正面写有“路湾水车×省城义利造”的字样，水车体积不大，易于操作，能方便、灵活地使用。

1975年，一场无情的大火烧毁了两家鱼栏。为了方便消防队及时赶到火灾现场，减少损失，翌年3月路环开设了消防分站。

在澳氹大桥建成前，灭火主要依靠本地居民的力量。火势太猛，消防设备不足以控制火情时，港务厅会派专船运载消防员及消防器具到路环协助灭火，但由于距离较远，往往不能及时赶到并控制火势。澳氹大桥建成后，澳门消防局会派车前往增援。

1976年澳门保安部队组成以后，政府对离岛消防予以重视，逐渐改善离岛消防状况，增加人手和设备。

路环街市

路环的街市原没有路名。位于市区进入竹湾马路的弯角处，门前是一块空地，设有警署，俗称“警察前地”；这里也曾因设公共电视机供公众观看，被称为“电视广场”。1985年，葡国总统恩尼斯（即安东尼奥·拉马尔霍·埃亚内斯，澳门译为恩尼斯。——编者注）来澳访问，行程远及路环，有关方面除将路环街市粉饰一番外，还在街市门前设置了一块路牌，将其正式命名为“恩尼斯总统前地”。

这座街市是一座长方形平房建筑，金字石棉瓦顶，矮墙围绕，气流通畅，还有充足的阳光照射。其实，这里最初是因为小贩在此聚集摆摊，才将此地开辟为街市。路环街市只有一千平方米，初期约有十个摊档，分售蔬菜、肉类、生果及杂货；摊档设备简陋，例如鱼档没有养鱼池。每日最旺的时刻是上午八九时，当地居民都在这个时段集中到街市买菜，其余时间，街市则较为冷清。

澳氹大桥通车前，货物大多是经水路由澳门运往路环码头，再转送到街市，所以价格稍贵。

公共工程

1968年6月，路氹连贯公路建成通车。

在此之前，路环和氹仔是与澳门分离的两个岛，岛上居民一直以渡海小轮作为与澳门半岛往来的交通工具。为加强离岛之间的交流，澳葡政府决定兴建路氹连贯公路，并于1963年5月动工。初时，只利用氹仔复原所的强制戒毒者进行填土修建，技术人员欠缺，又缺乏现代化机械，被迫中途停工，工程无法如期竣工。1966年12月，转由一家建筑公司承包建造，进度大大加快。

路氹连贯公路全长2250米，耗资600多万元，由路环石排湾伸至氹仔马鲚尾，路面宽9米，中间为双向单线车道，两旁为人行道。

澳氹大桥开通后，一直到1979年，路氹工商业并没有因为交通便利而有大进展；相反，人口方面有严重的流失，氹仔由原来的8000人降为3000人，路环由2000余人降为1000多人。路氹的学生毕业后纷纷往澳门工厂做工，部分更选择在澳门定居。

路环的陆上交通工具有公共汽车和的士。公共巴士每日班次不定，只要有足够的搭客便可开行。途经路环码头、竹湾、黑沙、九澳。费用不一：码头至竹湾二角，码头至黑沙三角，码头至九澳四角。

水电网

1977年5月，澳门工务厅开启一项大型工程，在路环、氹仔建立地下输水网。开投这项庞大工程，目的是想解决离岛的自来水供应，以彻底解决居民饮用水问题。

在此之前，路环是食用井水的，公共井约有五个，其中最广为人知的是豆腐井，据说是一个售卖豆腐的人在井边取水制作豆腐，因而得名。一些家境比较富裕的，还会在自己的庭院内开凿私人井。设备所限，在开凿过程中没有使用精密的仪器量度，井水往往带有苦涩味，不能饮用。除了井水外，居民还会到海堤边取水，作清洁物品之用。

当时澳府已计划将黑沙水库作为两离岛的输水中心站，在黑沙水库附近兴建泵房、输水机房、凝清池、沙滤池及化验所等，并将各水库及水塘铺设的地下水管连接到黑沙水库，将各水库及水塘的水先输往黑沙总站，经过过滤和化验之后，再输送到两离岛的用户家中。

卫生设施

在50年代以前，路环卫生站位于路环码头一侧（即现在的水警基地），当时只有一个医护人员在卫生站内打点一切。据说他是一位普通的护士，由山顶医院派驻到这里。由于专业知识有限，他只能诊断一些简单的疾病，病况严重的需转到澳门治疗。要是遇上急症，医护员无法处理，就会由在海上巡逻的水警轮直接送到澳门医院。

基于对西医的不信赖，居民很少到卫生站就医，他们一般习惯到药材店配中药或者找中医诊症。位于路环的三间中药店，主要集中在客商街，其中一间名叫“宝和堂”。到了60年代，旧警区改建为卫生局，此时才有医生常驻。

当时的政府除了兴办卫生站，还建立了一间留产所（在辉记现址对面，现民政总署办事处）。在此之前，在路环出生的小孩子都是由有经验的妇女负责接生，即我们俗称的“执妈”，连剪脐带也只是简单地用缸瓦片切断。这样不科学及不卫生的接生方式，致使很多孕妇因失血过多而死亡。

教育设施

路环曾经有两间由教会兴办的男女校，分别是圣母圣心学校及圣方济各学校，由于出生率太低，导致收生不足，圣方济各男校在70年代结束营运，男生转入圣母圣心学校和女生一起就读，圣母圣心学校也是因为生源不足于2004年关停。

在男女校分立时，学生们先要在女校读三年幼儿园，一年级以后再分别进入男女校就读。圣母圣心学校是一个单层平房，与飞鹰训练基地旁边的石阶所对着的平房建筑风格相似。石阶低层旁的石屋作为幼儿园，沿石阶向上走，看到的石屋是一到六年级使用的。

圣方济各男校早已不存在，一踏进校园即可看到一排青葱的树木，向左边拐会看到一个养鸭池，再向前面走，有一间用大石砌成的石屋，作为学生上课用的教室，一班也只能容纳十几个学生，由神父及修女担任教师。在最尾端的是一个操场跟一个沙池，供学生们活动。

两间学校都收养了一些弃婴，这些孤儿的数量并不多，主要来自澳门半岛及香港，修女们会照顾他们，直到有好心人士领养。

如果家境比较穷苦的学生就读于教会学校，教会会免除他们的学费，并定期派发一些东西接济，如衣服、饼干等。此教会是隶属于美国的，有时候神父会带一些电影到路环放映。

教会有一座物业位于辉记（现址）对面，建筑物里面有一间教堂并居住了一些修女和孤儿，外人不可以随便入内。

教会还开设一间托儿所（即现在监狱对面的石阶旁），那里的小朋友都是由修女照顾，路环居民子女就读于此是免费的，这一点吸引了很多家长送小朋友到这间托儿所，但现时这间托儿所已经荒废了十几年。

私人建立的学校有两间，都位于客商街，大约在50年代到60年代间建立，分别叫作“本勤”和“惠娥”。本勤学校的经营模式类似私塾，在早期已经停止经营；惠娥则由蓝惠娥女士主理，由她和她的父亲创办。据说当时的学生主要以渔民子女为主，本地居民的子女大多到圣母圣心学校上学。就读于惠娥的学生数量很少，一年只有十多人，楼下会出租一些“公仔书”，楼上就作为教学用途。后来因为一场大火，教学平房被烧毁，楼房的业主要求收楼重建，惠娥亦没有再办下去。

1968年左右，有一间由澳门街坊会兴办的居民学校建在天后庙旁边，一开始只开设一到四年级，后来才有五六年级，校舍比较小，是一个单层平房，学费不是很贵。

三、路环口述历史资料

受访者	出生年份	访谈日期	受访时年龄	访谈地点	访谈员
棠记鱼栏东主	不详	2008 年 7 月	不详	棠记鱼栏	陈丽嫦、李璟琳
苏七根	1946 年	2008 年 7 月	62 岁	辉记咖啡室	钟雪敏
杨阿姨	不详	2008 年 7 月	不详	荔枝碗	陈丽嫦、李璟琳
岑玉霞	约 20 世纪 50 年代	2008 年 7 月	58 岁	路环坊会	曾晓瑜
梁冠峰	1960 年	2008 年 7 月	48 岁	路环各业工人互助会	杨慧妍
李锦波	1954 年	2008 年 7 月	54 岁	民国马路	陈达尧
林娇	不详	2008 年 7 月	不详	英利鱼栏	洪丽春
何隶芝	不详	2008 年 7 月	不详	安记士多	陈丽嫦
包丽琼	1925 年	2008 年 7 月	83 岁	广源号	冼嘉宜、陈达尧
杨辉	不详	2008 年 7 月	不详	信义福利会	陈丽嫦

受访者	出生年份	访谈日期	受访时年龄	访谈地点	访谈员
黄业成	1936 年	2008 年 7 月	72 岁	荔枝碗 X-26 号	陈丽嫦、李璟琳
梁金汉	1956 年	2008 年 7 月	52 岁	荔枝碗	钟雪敏
黄智洲	不详	2008 年 7 月	不详	黄南成杂货	黄婷婷、陈达尧
黄耀东	1942 年	2008 年 7 月	不详	雅憩花园餐厅	洪丽春
张灶好	不详	2008 年 7 月	不详	路环铁皮屋	黄婷婷、陈达尧
Eileen Stow	不详	2008 年 8 月	不详	安德鲁饼店	谭嘉琪、洪丽钦
张苏仔	1958 年	2008 年 8 月	50 岁	路环	冼嘉宜、陈达尧
招仁顺	1954 年	2008 年 8 月	54 岁	路环打缆路	李璟琳
何英明	1933 年	2008 年 8 月	75 岁	何英明家	李璟琳、陈达尧、方　茜
何甲辰	1944 年		64 岁		
张国财	不详	2008 年 9 月	不详	九澳村村民互助会	李璟琳、陈达尧、骆嘉怡